한국어 3
Practice Book

Published by TWOPONDS Co., Ltd.
193, Dogok-ro, Gangnam-gu, Seoul, Korea
Tel : 82-2-2140-2500
Fax : 82-2-2140-2599
www.twoponds.co.kr

First Edition 2005

ISBN 978-89-539-0605-1

한국어 3 Practice Book

지은이 / 서울대학교 언어교육원
발행처 / [주]투판즈
주소 / 서울특별시 강남구 도곡로 193
Tel / (02) 2140-2500
Fax / (02) 2140-2599
인터넷 주소 / www.twoponds.co.kr
등록 / 1980년 10월 7일 제2004-000086호
초판 1쇄 / 2005년 7월 25일
17쇄 / 2019년 5월 1일
정가 / 13,000원

「이 도서의 국립중앙도서관 출판시도서목록(CIP)은 e-CIP 홈페이지(http://www.nl.go.kr/cip.php)에서
이용하실 수 있습니다. (CIP제어번호 : CIP2005001327)」

한국어 3
Practice Book

서울대학교 언어교육원
Language Education Institute
Seoul National University

TWO PONDS
|주| 투판즈

서 문

한국어 3 Practice Book은 서울대학교 언어교육원이 개발한 한국어 교재 시리즈 중 세 번째 단계인 『한국어 3』의 보조 교재로, 400시간의 한국어 교육을 받았거나 그에 준하는 한국어 능력을 가진 성인 학습자를 대상으로 일상적인 한국어 표현 능력과 이해 능력을 증진시키는 데 목표를 두고 개발되었다.

이 책은 주교재에서 학습한 어휘 및 문법, 기능의 연습을 보강하고 심화하여 실제 언어 생활에서 자연스럽게 활용될 수 있도록 하는 데 주안점을 두었다. 이를 위해 문형 연습에서는 주요 문형을 집중적으로 반복 연습하고, 대화 연습에서는 상황 중심의 대화를 심화 학습함으로써 자연스럽게 학습 내용이 내재화될 수 있게 하였다. 또한 기술별 연습으로 구성된 복습을 통해 선수 학습 내용을 통합적으로 연습하여 의사소통 능력의 향상을 꾀하였고, 동시에 학습자의 자기 점검 평가가 가능하도록 구성하였다. 또한 듣기 지문과 정답을 수록하고, 문형 연습과 듣기 연습을 위한 CD도 함께 제작하여 보조 교재로서뿐만 아니라 자율학습 교재로도 활용될 수 있도록 하였다.

이 책은 교실 수업에서 실제 사용해 보면서 수정· 보완하는 기간을 거친 후 이제 출판하게 되었다. 이 책이 완성되기까지 한국어교육센터 강사 여러분의 큰 노력이 있었다. 김은애, 김민애, 정은정 선생님이 집필한 문형 연습을 바탕으로 여러 선생님들이 기술별 연습 자료와 복습 자료를 추가하고 보완하는 작업을 계속해 왔다. 또한 출판을 위해 오미남, 김화원, 신경선, 이정화 선생님이 기존 자료를 수정하고 일부 추가 집필을 하였으며, 김은애 선생님이 원고의 교정과 녹음 감수를 담당하였고, 최은규 선생님이 작업을 총괄하고 원고의 감수를 맡아 주었다. 오랜 기간에 걸쳐 집필 및 출판 과정에 헌신적으로 참여해 준 강사 여러분의 노고에 깊은 감사를 드린다. 아울러 이 책이 출판되기까지 많은 도움을 주신 투판즈의 사장님과 편집진 여러분께 감사의 마음을 전한다.

2005년 7월

서울대학교 언어교육원 한국어교육센터 소장

장소원

Preface

Korean 3 Practice Book is a supplementary book to 『Korean 3』, the third volume in the Korean language textbook series developed by the Language Education Institute at Seoul National University. Written for adult learners who have studied Korean for about 400 hours or have an ability equivalent to it, it aims to develop the student's comprehension and conversational skills.

It is intended to be used in conjunction with the main textbook to complement and to strengthen the learned vocabulary and grammar in all four areas : listening, speaking, reading and writing for practical, everyday situations. Intensive exercises of the main grammar through Sentence Structure Exercises and in-depth learning of the situation-centered dialogues through Conversation Exercises will help the student to internalize the lessons. Each <Review> chapter is composed of five sections targeting different skills organized in such a way that makes it possible for self-assessment. The <Answerkey> to exercises and the transcript for listening comprehension are added at the end of the book. The CDs of the Sentence Structure Exercises and Listening Exercises will enable this book to be used not only as a supplementary study guide, but also as a self-study book.

We have successfully used the contents of this book in the classroom. There have been invaluable efforts from the instructors at the Korean Language Education Center, Language Education Institute. We are greatly indebted to the following instructors : Ms. Eun-Ae Kim, Ms. Min-Ae Kim, and Ms. Eun-Jung Chung for writing the Sentence Structure Exercises, and many other instructors who have contributed material to both the exercises and the review sections. We are also grateful to Ms. Mi-Nam Oh, Ms. Hwa-Won Kim, Ms. Kyung-Seon Shin, and Ms. Jeong-Hwa Lee for making some modifications of the original text and writing additional parts for publication. We would like to thank Ms. Eun-Ae Kim for proofreading the manuscript and supervising the recording and Ms. Eun-Gyu Choi for the compilation of materials and the overall supervision of the project.

In addition, we would like to convey our gratitude to the president of TWOPONDS and the editorial staff for their generous support in having this volume published.

July 2005

So-Wonne Tchang
Director
Korean Language Education Center
Language Education Institute
Seoul National University

일러두기

이 책은 단원별로 〈문형 연습〉과 〈대화 연습〉을 수록하였으며, 4-5단원마다 〈복습〉을 넣어 어휘와 문법, 듣기, 말하기, 읽기, 쓰기의 순서로 제시하였다. 이어 〈문법과 표현〉, 〈듣기 지문〉과 〈정답〉을 실었다.

〈문형 연습〉은 단원별로 학습한 주요 문형을 체계적이고 집중적인 연습을 통하여 충분히 익히게 하였다. 각 문형은 유의미한 대화 생성이나 표현 연습을 통해 일상생활에서 쉽게 활용할 수 있도록 하였다.

〈대화 연습〉은 각 단원의 주요 문형과 어휘를 실제의 대화 상황에서 자연스럽게 연습함으로써 표현 능력을 키우도록 하였다.

〈복습〉은 4-5단원마다 학습 내용과 연계하여 어휘와 문법, 듣기, 말하기. 읽기, 쓰기의 복습을 할 수 있도록 하였으며 총 8회로 구성하였다. 다만, 주 교재의 34과는 시와 노래에 관한 단원이므로 별도로 다루지 않고 복습 8(30-33과)의 활동에 포함하여 수록하였다.

- 어휘와 문법은 주제 관련 어휘 및 표현, 문법을 활용하여 문장을 완성하고 대화를 구성하도록 하였다.
- 듣기는 일상적인 생활에 필요한 담화를 다루어 중심 내용 이해를 연습할 수 있도록 하였다.
- 말하기는 주제와 관련된 실제적인 상황을 설정하여 학습자의 흥미를 유발시키고 그룹 활동이나 짝 활동을 통해 표현 능력을 키울 수 있도록 하였다.
- 읽기는 다양한 주제 및 유형의 읽기 연습을 통해 독해 능력을 기를 수 있도록 하였다.
- 쓰기는 주제와 관련된 내용을 쓰기 전 단계와 쓰기 단계를 거쳐 표현할 수 있도록 하였다.

〈문법과 표현〉은 주교재의 단원별 문법, 어휘와 표현을 제시하여 학습자의 이해를 돕도록 하였다.
〈듣기 지문〉은 〈복습〉의 듣기 지문을 수록하여 듣기 활동의 내용을 확인할 수 있도록 하였다.
〈정답〉은 각 영역별 활동에 대한 정답과 모범 답안을 제시하여 참고할 수 있도록 하였다.
〈CD〉는 문형 연습과 듣기 복습이 수록되어 있어 학습자가 충분한 학습을 할 수 있도록 하였다.

Foreword

Every unit is composed of <Sentence Structure Exercises> and <Conversation Exercises>. After every fourth or fifth unit, we have included a <Review> chapter to display the content in the order of Vocabulary and Grammar, Listening, Speaking, Reading, and Writing. Then, we included the <Grammar and Expression> and the <Transcript> of the Listening Exercises. The student will find the <Answers> at the end of the book.

The <Sentence Structure Exercises> are designed to let the student sufficiently master the main sentence structures covered in each corresponding unit through systematic practice. Each sentence structure is designed to enable the student to utilize them easily in everyday conversations.

The <Conversation Exercises> are designed to develop the student's powers of expression through practice of the main sentence structures and vocabulary in situation-centered conversations.

Relating to the contents of each unit, eight <Review> chapters (one after every fourth or fifth unit) reinforce vocabulary and grammar, as well as listening, speaking, reading, and writing skills. Chapter 34 of the textbook covers poetry and songs, therefore there are no supplementary exercises provided for that lesson. However, the material of chapter 34 will be covered in <Review-8>.

- In the Vocabulary and Grammar section, the student is asked to complete sentences and to build conversations by using the vocabulary and expressions related to the grammar and theme of the units.
- The Listening section is comprised of essential conversation scenes needed in everyday life. The exercises are designed to improve the student's understanding of the main content of the situation.
- The Speaking section triggers the student's interest by setting real-life conversation situations related to the theme of the units and also provides pair or group activities to enable the student to express and build conversation.
- The Reading section aims to build up the student's reading ability by familiarizing him/her with various themes and types of reading materials.
- The Writing section is designed to improve the student's skill to write a systematical passage about the theme and related topics of each unit after going through a brainstorming process.

The <Grammar and Expression> chapter enhances the student's comprehension by adding Grammar, and Vocabulary and Expressions from each corresponding unit of the main textbook.

The <Transcript> for the Listening section is at the end of the book and will help the student check for his/her comprehension.

The <Answerkey> offers the answers and exemplary answers for reference.

The <CDs> contain the Sentence Structure Exercises, and the Listening Exercises from the <Review> chapters to enable the student to practice fully on his/her own.

교재 구성표

<table>
<tr><th>단원</th><th>문형 연습</th><th>대화 연습</th></tr>
<tr><td>1</td><td>• A/V-(으)ㄹ 줄 몰랐다
• A/V-(으)ㄴ/는 줄 몰랐다
• N인 줄 몰랐다</td><td>• 빗나간 예상 표현하기
• 제외 표현하기
• 이유 설명하기</td></tr>
<tr><td>2</td><td>• A/V-다지요?
• N(이)라지요?
• V-느라(고)</td><td>• 정보 확인하기
• 이유 표현하기
• 축하·감사 표현하기</td></tr>
<tr><td>3</td><td>• 한 N쯤
• A/V-(으)ㄹ 거라고 하다
• V-자고 하다
• A/V-(으)/느냐고 묻다</td><td>• 수량 표현하기
• 간접 화법 표현하기
• '가져가다/가져오다' 활용하기</td></tr>
<tr><td>4</td><td>• V-아/어 보니(까)
• A/V-대요
• A/V-아/어야 할 텐데
• N 있으면 N(이)다</td><td>• 경험의 결과 표현하기
• 희망 표현하기
• 시간의 경과 표현하기
• 'ㅅ' 불규칙 동사 활용하기</td></tr>
<tr><td>복습 1</td><td colspan="2">〈어휘와 문법〉
• 문장에 알맞은 어휘 고르기
• 대화 완성하기
〈듣기〉
• 세부 내용 이해하기
• 질문 듣고 알맞은 반응 파악하기
• 대화하는 장소 알아내기
• 일기 예보 듣고 이해하기
〈말하기〉
• 한국에서의 경험 표현하기
〈읽기〉
• 문장 의미 파악하기
• 안내문 보고 정보 파악하기
• 중심 내용 파악하기
• 대화 순서 파악하기
• 세부 내용 파악하기
〈쓰기〉
• 간접 화법 이용하여 이메일 쓰기</td></tr>
<tr><td>5</td><td>• 얼마[누구, 어디, 언제, 무엇](이)라고 하다
• 어디나[누구나, 언제나, 무엇이나, 어느 것이나] (다)
• 무슨[어느, 어떤] N(이)나 (다)
• 마찬가지(이)다</td><td>• 전칭(全稱) 구문 표현하기
• 동의 표현하기
• 안부 전하기</td></tr>
<tr><td>6</td><td>• V-(으)ㄹ 수 있을지 걱정이다
• V-(으)ㄴ 지(가) 얼마 안 되었다
• N이/가 N에 포함되다
• A/V-(으)면 곤란하다</td><td>• 걱정 표현하기
• 시간의 경과 표현하기
• 포함 관계 표현하기
• 완곡한 거절하기</td></tr>
<tr><td>7</td><td>• A-(으)ㄴ가 보다
• V-나 보다
• A/V-다고 듣다
• A/V-(으)ㄴ/는데 어떡하죠?</td><td>• 추측 표현하기
• 들은 내용 표현하기
• 의논하기
• 경험 표현하기</td></tr>
<tr><td>8</td><td>• V-이/히/리/기
• A/V-(으)ㄴ/는 편이다</td><td>• 피동 표현하기
• 정도 표현하기</td></tr>
<tr><td>복습 2</td><td colspan="2">〈어휘와 문법〉
• 문장에 알맞은 어휘 고르기
• 대화 완성하기
〈듣기〉
• 세부 내용 이해하기
• 질문 듣고 알맞은 반응 파악하기
• 대화 듣고 상황 이해하기
〈말하기〉
• 조건에 맞는 집 구하기
〈읽기〉
• 문장 의미 파악하기
• 안내문 보고 정보 파악하기
• 중심 내용 파악하기
• 어울리는 대화 찾기
• 세부 내용 파악하기
〈쓰기〉
• 피동 표현 이용하여 자기 집 묘사하기</td></tr>
</table>

<table>
<tr><th>단원</th><th>문형 연습</th><th>대화 연습</th></tr>
<tr><td>9</td><td>• 언제든지[어디든지, 누구든지, 무엇이든지]
• A/V-(으)ㄹ 모양이다
• A/V-(으)ㄴ/는 모양이다
• V-는 대신</td><td>• 전칭(全稱) 구문 표현하기
• 추측 표현하기
• 대안 표현하기
• 방법 표현하기</td></tr>
<tr><td>10</td><td>• 아무리 A/V-아/어도
• A/V-거든요
• A/V-았/었거든요
• V-아/어 두다</td><td>• 양보 표현하기
• 이유 표현하기
• 상태의 유지 표현하기</td></tr>
<tr><td>11</td><td>• N(이)라도
• A-구나, V-는구나
• V-아/어야겠다
• 아무 N도, 아무것도, 아무 데도, 아무도</td><td>• 차선책 표현하기
• 의지 표현하기
• 부정칭(不定稱) 구문 표현하기
• 장소 표현하기</td></tr>
<tr><td>12</td><td>• V-자마자
• V-(으)ㄴ 후(에)
• V-기(를) 바라다
• 계속(해서)</td><td>• 동시성 표현하기
• 동작의 전후 순서 표현하기
• 희망 표현하기
• 동작의 지속 표현하기</td></tr>
<tr><td>복습 3</td><td colspan="2">〈어휘와 문법〉
• 문장에 알맞은 어휘 고르기
• 대화 완성하기
〈듣기〉
• 세부 내용 이해하기
• 질문 듣고 알맞은 반응 파악하기
• 대화하는 장소 알아내기
• 안내 방송 듣고 이해하기
〈말하기〉
• 교통수단 이용 경험 표현하기
〈읽기〉
• 문장 의미 파악하기
• 안내문 보고 정보 파악하기
• 어울리는 대화 찾기
• 대화 순서 파악하기
• 세부 내용 파악하기
〈쓰기〉
• 스트레스 푸는 법 쓰기</td></tr>
<tr><td>13</td><td>• V-(으)ㄴ/는 대로
• V-(으)ㄹ 거냐고 하다[묻다]
• V-는 데(에)는 N이/가 필요하다
• N에 N을/를 넣다</td><td>• 근거 표현하기
• 간접 화법 표현하기
• 필요 조건 표현하기</td></tr>
<tr><td>14</td><td>• A/V-아/어야 A/V
• N에[에게] 달려 있다
• A/V-고 못[안] A/V-(으)ㄴ/는 것은 N에[에게] 달려 있다
• 굽다/튀기다/삶다/볶다</td><td>• 당위 조건 표현하기
• 결정적 조건 표현하기
• 조리 관련 어휘 표현하기</td></tr>
<tr><td>15</td><td>• N에다(가)
• N(이)라고 해서 누구나[어디나, 무엇이나, 언제나] A/V-(으)ㄴ/는 것은 아니다
• A/V-다[(으)라/자/냐]고요?
• V-는 데(에) N이/가 들다</td><td>• 예외성 표현하기
• 되물어 확인하기
• 필요 조건 표현하기</td></tr>
<tr><td>16</td><td>• V-고 있다
• V-(으)ㄹ까 하다
• V-고 가다[오다, 다니다]
• 그렇지 않아도</td><td>• 착용 상태의 지속 표현하기
• '데리고 가다/오다' 활용하기
• '그렇지 않아도' 활용하기</td></tr>
<tr><td>17</td><td>• N을/를 V-이/히/리/기/우
• 아무 N(이)나</td><td>• 사동 표현하기
• 부정칭(不定稱) 구문 표현하기</td></tr>
</table>

단원	문형 연습	대화 연습
복습 4	〈어휘와 문법〉 • 문장에 알맞은 어휘 고르기 • 대화 완성하기 〈듣기〉 • 세부 내용 이해하기 • 질문 듣고 알맞은 반응 파악하기 • 요리 강좌 듣고 이해하기 〈말하기〉 • 직업에 따른 유니폼 표현하기	〈읽기〉 • 문장 의미 파악하기 • 안내문 보고 정보 파악하기 • 중심 내용 파악하기 • 대화 순서 파악하기 • 세부 내용 파악하기 〈쓰기〉 • 음식 만드는 법 쓰기
18	• V-(으)ㄹ까 말까 하다 • V-(으)ㄹ 걸 (그랬다) • 하도 A/V-아/어서 • V-(으)ㄹ 생각도 못 하다	• 망설임 표현하기 • 후회 표현하기 • 불가능한 상황 표현하기 • 계획 표현하기
19	• A/V-았/었을 때 • N끼리 • N이/가 넘도록[되도록, 지나도록] • N에 자신이 있다	• 과거 경험 표현하기 • 시간의 경과 표현하기 • 한도의 초과 표현하기 • 자신감 표현하기
20	• V-던 N • A/V-기는 틀렸다 • V-게 하다 • A/V-잖아요	• 회상 표현하기 • 후회 표현하기 • 사동 표현하기 • 이유 표현하기
21	• A/V-(으)ㄹ걸요 • A/V-(으)면 A/V-(으)ㄹ수록 • A/V-기는 A/V-지만 • N-씩	• 추측 표현하기 • 정도성 조건 표현하기 • 완곡하게 표현하기
복습 5	〈어휘와 문법〉 • 문장에 알맞은 어휘 고르기 • 대화 완성하기 〈듣기〉 • 세부 내용 이해하기 • 질문 듣고 알맞은 반응 파악하기 • 담화 상황 이해하기 〈말하기〉 • 불만 상황에 대해 협상하기	〈읽기〉 • 문장 의미 파악하기 • 안내문 보고 정보 파악하기 • 대화 순서 파악하기 • 세부 내용 파악하기 〈쓰기〉 • 명절에 대해 쓰기
22	• 몇 N[누구, 어디, 무엇] • V-(으)ㄹ 뻔하다 • V-지 그래요? • 그래도	• 이유 묻기 • 일어날 뻔한 일 표현하기 • 조언하기 • 비교하기
23	• V-았/었다가 • A/V-았/었는데도 • 할 수 없다 • V-기 위해(서)	• 행동의 전환 표현하기 • 양보 표현하기 • 목적 표현하기 • '툭하면' 활용하기
24	• V-다고[냐고, 라고, 자고] 그랬다 • A/V-더니 • 그것 보세요	• 주장의 타당성 강조하기 • 회상 표현하기 • 정보 전달하기 • 비유하기
25	• N(이)라는 N • V-았/었던 N • V-아/어 오다[가다] • 다 V-아/어 가다	• 새 정보 소개하기 • 과거의 사실 표현하기 • 지속 표현하기 • 진행 정도 표현하기
복습 6	〈어휘와 문법〉 • 문장에 알맞은 어휘 고르기 • 대화 완성하기 〈듣기〉 • 세부 내용 이해하기 • 질문 듣고 알맞은 반응 파악하기 • 담화 상황 이해하기 〈말하기〉 • 사진 보면서 과거의 경험 말하기	〈읽기〉 • 문장 의미 파악하기 • 안내문 보고 정보 파악하기 • 중심 내용 파악하기 • 어울리는 대화 찾기 • 세부 내용 파악하기 〈쓰기〉 • 그림 보고 이야기 쓰기

단원	문형 연습	대화 연습
26	• V-(으)려면 멀었다 • A-아/어하다 • 내가 생각하기에 • A/V-다고 하던데요	• 낮은 가능성 표현하기 • 타인의 감정 표현하기 • 간접적으로 정보 전달하기 • 관용 표현 활용하기
27	• A/V-(으)ㄹ까 봐(서) • 얼마나 A/V-(으)ㄴ/는데 • V-(으)라는 대로 • V-는 중이다	• 걱정 표현하기 • 강조 표현하기 • 근거 표현하기 • 현재 진행 표현하기
28	• 만약[만일] N(이)라면 • 만약[만일](에) V-ㄴ/는다면 • V-지요, 뭐 • V-고 말다	• 가정해서 말하기 • 아쉬움 표현하기 • 체념 표현하기 • '생기다' 활용하기
29	• N(이)라니요? • A/V-다니 • A/V-(으)ㄴ/는 척하다 • N 모르게[몰래] V	• 놀라움 표현하기 • 거짓 태도 표현하기 • 비공개 표현하기 • '웬' 활용하기
복습 7	**〈어휘와 문법〉** • 문장에 알맞은 어휘 고르기 • 대화 완성하기 **〈듣기〉** • 세부 내용 이해하기 • 질문 듣고 알맞은 반응 파악하기 • 담화 상황 이해하기 **〈말하기〉** • 영화 주인공 입장에서 말하기 **〈읽기〉** • 문장 의미 이해하기 • 안내문 보고 정보 파악하기 • 중심 내용 파악하기 • 세부 내용 파악하기 **〈쓰기〉** • 과거로 돌아간다면 하고 싶은 일 쓰기	
30	• N은/는 물론(이고) N도 • V-거나 아니면 • V-도록 • V-는 길에	• 내용의 추가 표현하기 • 대상 표현하기 • 목표 표현하기 • 기회 표현하기
31	• V-(으)ㄹ 만하다 • A/V-(으)ㄹ 뿐(만) 아니라 • V-아/어지다 • N에 비해(서)	• 가치 표현하기 • 내용의 추가 표현하기 • 피동 표현하기 • 비교하기
32	• V-았/었더니 • A/V-다고[냐고, 자고, 라고] 했더니 A/V-다고[냐고, 자고, 라고] 했어요 • A/V-(으)ㄴ/는지 안[못] A/V-(으)ㄴ/는지 • V-고 보니	• 과거 경험의 결과 표현하기 • '-더니', '-았더니' 비교하기 • 불확실성 표현하기 • 판단의 결과 표현하기
33	• V-아/어도 V-아/어도 • N뿐이다 • N은/는 그만두고 • N은 A/V-기로 유명하다	• 양보 표현하기 • 한정 표현하기 • 대안 제시하기 • 유명한 것 표현하기
복습 8	**〈어휘와 문법〉** • 문장에 알맞은 어휘 고르기 • 대화 완성하기 **〈듣기〉** • 세부 내용 이해하기 • 질문 듣고 알맞은 반응 파악하기 • 담화 상황 이해하기 **〈말하기〉** • 유명한 곳 소개하기 **〈읽기〉** • 문장 의미 이해하기 • 안내문 보고 정보 파악하기 • 중심 내용 파악하기 • 세부 내용 파악하기 **〈쓰기〉** • 패러디 시 쓰기	

차 례

1과 방학이 이렇게 빨리 끝날 줄 몰랐어요

CD1 _ track 2 문형 연습

연습 1.1

[보기] 선생님(T) : 김치가 맵지요?
학　생(S) : 네. 김치가 이렇게 매울 줄 몰랐어요.

1. T : 날씨가 춥지요?
   S : ....

2. T : 비가 많이 오지요?
   S : ....

3. T : 지하철이 편리하지요?
   S : ....

4. T : 방학이 빨리 끝났지요?
   S : ....

연습 1.2

[보기] 선생님(T) : 오늘 시험을 봐요.
학　생(S) : 그래요? 오늘 시험을 보는 줄 몰랐어요.

1. T : 피아노를 배워요.
   S : ....

2. T : 대학원에 다녀요.
   S : ....

3. T : 중국어를 가르쳐요.
   S : ....

4. T : 매운탕을 좋아해요.
   S : ....

연습 1.3

[보기] 선생님(T) : 준석 씨가 어제 귀국했어요.
학　생(S) : 그래요? 준석 씨가 귀국한 줄 몰랐어요.

1. T : 철수 씨가 안 왔어요.
   S : ....

2. T : 다나카 씨가 결혼했어요.
   S : ....

3. T : 토니 씨가 전공을 바꿨어요.
   S : ....

4. T : 마이클 씨가 고향으로 떠났어요.
   S : ....

연습 1.4

[보기] 선생님(T) : 오늘이 지연이 생일이야.
학　생(S) : 그래? 오늘이 지연이 생일인 줄 몰랐어.

1. T : 내일이 시험이야.
   S : ....

2. T : 저기가 수영장이야.
   S : ....

3. T : 저 산이 북한산이야.
   S : ....

4. T : 지하철 요금이 800원이야.
   S : ....

대화 연습

▶ **친구와 함께 대화를 만들어 보세요.**

A/V-(으)ㄴ/는/(으)ㄹ 줄 몰랐다[알았다] / N인 줄 몰랐다[알았다]

1. 가 : 매운탕 맛이 어때요? 꽤 맵지요?
   나 : 네. 매운탕이 ______________________________.

2. 가 : 마이클 씨 아내가 한국 사람이라고 해요.
   나 : 그래요? ______________________________.

3. 가 : 밖에 비 오는데 우산 없어요?
   나 : 네. ______________________________.

4. 가 : 오늘이 수민이 생일인데 선물 준비했니?
   나 : 그래? ______________________________.

5. 가 : 어제 파티에서 먹은 케이크는 바바라 씨가 집에서 만든 거라고 해요.
   나 : 정말이에요? ______________________________.

6. 가 : 어, 왜 버스를 타고 왔어요? 차는요?
   나 : 며칠 전에 차를 팔았어요. 제가 차를 ______________________________?

7. 가 : 내일 쉬는 날이라서 수업이 없는데 뭐 할 거예요?
   나 : 그래요? ______________________________.

8. 가 : 왜 저한테 중국어로 말하세요? 저 한국 사람이에요.
   나 : ______________________________.

9. 가 : 다나카 씨는 지난주에 귀국했다고 해요.
   나 : ______________________________.

10. 가 : 왜 오늘 책을 안 가지고 왔어요?
    나 : ______________________________.

N을/를 빼다

1. 가 : 김밥으로 드릴까요?
   나 : 네. 하지만 저는 고기를 안 먹으니까 ______________________________.

2. 가 : 모두 도착했나요?
   나 : 네, 수민 씨만 ______________________________.

3. 가 : 선생님, 연습 문제를 다 해야 돼요?
   나 : 너무 많지요? 연습 3번은 ______________________________.

4. 가 : 한국 음식 잘 먹어요?
   나 : 네, 매운탕처럼 매운 음식 ______________________________.

5. 가 : 비빔밥이 꽤 매울 텐데 먹을 수 있겠어요?
   나 : 고추장을 조금 ______________________________.

6. 가 : 영화 좋아하세요?
   나 : 네, 무서운 영화 ______________________________.

사정이 있다

1. 가 : 어, 토니 씨가 안 보이네요?
   나 : 토니 씨는 ______________________ 오늘 못 왔어요.

2. 가 : 오늘 왜 일찍 가세요?
   나 : ____.

3. 가 : 마이클 씨 결혼식에서 만날 수 있을 줄 알았는데 왜 안 왔어요?
   나 : ____.

2과 상을 두 개나 받았다지요?

CD1 _ track 3 문형 연습

연습 2.1

[보기] 선생님(T) : 토니 씨가 상을 받아요.
학　생(S) : 토니 씨가 상을 받는다지요?

1. T : 새 책이 나와요.
   S : ....

2. T : 쓰기 시험이 쉬워요.
   S : ....

3. T : 설악산에 눈이 많이 왔어요.
   S : ....

4. T : 마이클 씨가 졸업식에 참석했어요.
   S : ....

연습 2.2

[보기] 선생님(T) : 마이클 씨 생일이 내일이에요.
학　생(S) : 마이클 씨 생일이 내일이라지요?

1. T : 토니 씨 결혼식이 오늘이에요.
   S : ....

2. T : 시험 보는 날이 월요일이에요.
   S : ....

3. T : 한국에서 제일 높은 산이 한라산이에요.
   S : ....

4. T : 우리 반에서 키가 제일 큰 학생이 토니 씨예요.
   S : ....

연습 2.3

[보기] 선생님(T) : 왜 학교에 못 갔어요?
학　생(S) : (병원에 가다) 병원에 가느라고 못 갔어요.

1. T : 왜 잠을 못 잤어요?
   S : (비디오 보다) ....

2. T : 왜 등산을 못 갔어요?
   S : (공부하다) ....

3. T : 왜 저녁을 못 먹었어요?
   S : (숙제하다) ....

4. T : 왜 전화를 못 받았어요?
   S : (샤워하다) ....

연습 2.4

[보기] 선생님(T) : 요즘 왜 바쁘세요?
학　생(S) : (일하다) 일하느라고 바빠요.

1. T : 요즘 왜 바쁘세요?
   S : (취직 준비하다) ....

2. T : 요즘 왜 바쁘세요?
   S : (공부하다) ....

3. T : 왜 늦었어요?
   S : (전화 받다) ....

4. T : 왜 늦었어요?
   S : (친구 만나다) ....

대화 연습

▶ **친구와 함께 대화를 만들어 보세요.**

V-느라고

1. 가 : 왜 그렇게 피곤해 보여요? 무슨 일 있었어요?
   나 : 어젯밤에 ________________ 잠을 잘 못 잤어요.

2. 가 : 왜 숙제를 안 했어요?
   나 : 죄송해요, 선생님. ________________________________.

3. 가 : 마이클 씨, 졸업식에 올 줄 알았는데 왜 안 왔어요?
   나 : 미안해요. ________________ 못 갔어요.

4. 가 : 요즘 왜 그렇게 바빠요?
   나 : ____________________ 바빠요.

5. 가 : 아까 불렀는데 왜 대답을 안 했어요? 부르는 줄 몰랐어요?
   나 : ________________ 못 들었어요.

6. 가 : 왜 그렇게 눈이 빨개요?
   나 : 밤늦게까지 ________________ 잠을 못 자서 그래요.

7. 가 : 아까 1시간쯤 전에 내가 3번이나 전화했는데 왜 안 받았어요?
   나 : ________________ 전화벨 소리를 못 들었어요.

8. 가 : 어디 아파요?
   나 : 아뇨, 아픈 건 아니고 ________________ 피곤해서 그래요.

9. 가 : 지금이 몇 시니? 왜 이렇게 늦게 들어왔어?
   나 : ____.

10. 가 : 어제 9시 뉴스 봤어요?
    나 : ____.

A/V-다지요? / N-(이)라지요?

1. 가 : 제가 어제 책에서 봤는데 한국 김치에는 여러 가지가 ....?

   나 : 네, 여러 가지가 있어요.

2. 가 : 한국에는 김 씨가 제일 ....?

   나 : 네, 김 씨가 제일 많아요.

3. 가 : 마이클 씨 결혼식이 다음 주 토요일 ....?

   나 : 네. 저도 그렇게 들었어요.

4. 가 : 이 노래가 바바라 씨가 좋아하는 노래..........................?

   나 : 네, 바바라 씨가 이 노래를 아주 좋아한다고 해요.

5. 가 : 토니 씨가 마이클 씨 결혼식에서 노래를 ....?

   나 : 네, 토니 씨 친구랑 같이 노래를 부른다고 해요.

6. 가 : 내일이 월급 타는 날..........................?

   나 : 아뇨. 오늘이에요.

축하[감사, 사과]하는 뜻으로

1. 가 : 왜 이렇게 늦었어요? 한 시간이나 기다렸어요.

   나 : 미안해요. 내가 .... 점심을 살게요.

2. 가 : 저 다음 달에 결혼해요.

   나 : 그래요? 그러면 .... 한잔 살게요.

3. 가 : 같이 하니까 빨리 끝났네요.

   나 : 네. 도와줘서 고마워요. 제가 ....

3과 일기 예보에서 뭐라고 했어?

CD1 _ track 4 문형 연습

연습 3.1

[보기] 선생님(T) : 부산까지 자동차로 얼마나 걸릴까요?
학 생(S) : (5시간) 한 다섯 시간쯤 걸릴 거예요.

1. T : 등록하려면 얼마가 필요할까요?
   S : (120만 원) ....
2. T : 입학 원서에 사진이 몇 장 필요할까요?
   S : (2장) ....
3. T : 제주도까지 비행기로 얼마나 걸릴까요?
   S : (1시간) ....
4. T : 1달러를 한국 돈으로 바꾸면 얼마쯤 될까요?
   S : (1,000원) ....

연습 3.2

[보기] 선생님(T) : "도서관에 있을 거예요."
학 생(S) : 도서관에 있을 거라고 했어요.

1. T : "오늘은 좀 늦을 거예요."
   S : ....
2. T : "오후에 비가 올 거예요."
   S : ....
3. T : "내일은 박물관에 갈 거야."
   S : ....
4. T : "시험이 어렵지 않을 거야."
   S : ....

연습 3.3

[보기] 선생님(T) : "저녁 때 만납시다."
학　생(S) : 저녁 때 만나자고 했어요.

1. T : "빨리 갑시다."
   S : ....

2. T : "천천히 걸읍시다."
   S : ....

3. T : "오늘 같이 식사합시다."
   S : ....

4. T : "공원에 가자."
   S : ....

연습 3.4

[보기] 선생님(T) : "한국어 공부가 재미있어?"
학　생(S) : 한국어 공부가 재미있느냐고 물어봤어요.

1. T : "떡국 다 끓였어?"
   S : ....

2. T : "아직도 부산에 살아?"
   S : ....

3. T : "요즘은 여자 친구 안 만나니?"
   S : ....

4. T : "이제 서울 생활에 익숙해졌어?"
   S : ....

대화 연습

▶ **친구와 함께 대화를 만들어 보세요.**

A/V-(으)ㄹ 거라고 하다 / V-자고 하다 / V-느냐고 하다 / A-(으)냐고 하다

1. 마이클 : "이따가 같이 점심 먹읍시다."

   가 : 마이클 씨가 뭐라고 했어요?

   나 : ....

2. 수민 : "우산 가져왔어요?"

   가 : 수민 씨가 뭐라고 했어요?

   나 : ....

3. 지영 : "비빔밥에 고추장을 다 넣으면 매울 거야."

   가 : 지영 씨가 뭐라고 했어요?

   나 : ....

4. 토니 : "요즘 왜 이렇게 날씨가 덥지?"

   가 : 토니 씨가 뭐라고 했어요?

   나 : ....

5. 선생님 : "저분이 준석 씨 아버님이세요?"

   가 : 선생님께서 뭐라고 하셨어요?

   나 : ....

6. 영숙 : "내일은 눈이 많이 올 거예요."

   가 : 영숙 씨가 뭐라고 했어요?

   나 : ....

7. 요코 : "오늘은 바쁘니까 내일 만나자."

   가 : 요코 씨가 뭐라고 했어요?

   나 : ....

8. 앙리 : "오늘은 비가 오니까 축구를 하지 맙시다."

가 : 앙리 씨가 뭐라고 했어요?

나 : ______________________.

9. 다비드 : "방학 동안 고향에 갔다 올 거예요."

가 : 다비드 씨가 뭐라고 했어요?

나 : ______________________.

10. 모하메드 : "요즘 무슨 음악을 잘 들으세요?"

가 : 모하메드 씨가 뭐라고 했어요?

나 : ______________________.

N을/를 가져오다[가져가다]

1. 가 : 비를 많이 맞았군요.

   나 : 네. 비가 많이 올 줄 모르고 우산을 ______________.

2. 가 : 학생증을 만들려면 사진이 필요한데 지금 사진 있어요?

   나 : 아뇨. 내일 꼭 ______________.

3. 가 : 주스가 없네요? 빨리 나가서 사와야겠어요.

   나 : 나가지 않아도 돼요. 주스는 토니 씨가 ______________.

한 N쯤

1. 가 : 집에서 학교까지 얼마나 걸려요?

   나 : ______________ 걸려요.

2. 가 : 오늘은 꽤 덥네요. 최고 기온이 몇 도라고 했어요?

   나 : 오늘 낮 최고 기온이 ______________ 될 거라고 했어요.

4과 우리 오후에 문병 갈까요?

CD1 _ track 5 문형 연습

연습 4.1

[보기] 선생님(T) : 이 책이 어땠어요?
학 생(S) : (읽다, 재미있다) 읽어 보니까 재미있었어요.

1. T : 제주도가 어땠어요?
   S : (가다, 아름답다) ....

2. T : 그 식당 음식이 어땠어요?
   S : (먹다, 맛있다) ....

3. T : 소개받은 사람이 어땠어요?
   S : (이야기하다, 괜찮다) ....

4. T : 그 컴퓨터 게임이 어땠어요?
   S : (하다, 재미있다) ....

연습 4.2

[보기] 선생님(T) : 지연 씨가 오늘 와요?
학 생(S) : 네, 온대요.

1. T : 지연 씨가 태권도를 배워요?
   S : ....

2. T : 지연 씨가 졸업식에 참석해요?
   S : ....

3. T : 지연 씨가 매운 음식을 잘 먹어요?
   S : ....

4. T : 지연 씨가 지난 시험을 잘 봤어요?
   S : ....

연습 4.3

[보기] 선생님(T) : 감기가 안 나았어요.
학　생(S) : 빨리 나아야 할 텐데 걱정이네요.

1. T : 집을 못 구했어요.
   S : ....

2. T : 가방을 못 찾았어요.
   S : ....

3. T : 그 일을 못 끝냈어요.
   S : ....

4. T : 음식 준비를 다 못 했어요.
   S : ....

연습 4.4

[보기] 선생님(T) : 쉬는 시간이 언제지?
학　생(S) : (10분) 십 분 있으면 쉬는 시간이야.

1. T : 시험이 언제지?
   S : (사흘) ....

2. T : 방학이 언제지?
   S : (2주일) ....

3. T : 민수 생일이 언제지?
   S : (이틀) ....

4. T : 이사하는 날이 언제지?
   S : (1주일) ....

대화 연습

▶ **친구와 함께 대화를 만들어 보세요.**

V-아/어 보니(까)

1. 가 : 인삼차가 어때요?
   나 : ________________ 생각보다 맛있네요.

2. 가 : 어제 만난 사람 어때요?
   나 : ________________ 생각보다 재미있는 사람인 것 같아요.

3. 가 : 태권도를 ________________ 어때요?
   나 : 재미도 있고 몸도 건강해지는 것 같아요.

4. 가 : 외국 생활을 한 1년쯤 ________________ 어때요?
   나 : 이제는 익숙해져서 재미있어요.

5. 가 : 지난번에 도서관에서 빌려 간 책 다 읽었어요? 어때요?
   나 : 아, 그 책요? ________________________________.

A/V-아/어야 할 텐데

1. 가 : 토니 씨가 감기가 심해서 학교에 못 온대요.
   나 : 저도 들었어요. ________________________________.

2. 가 : 바바라가 도서관에서 가방을 잃어버렸대.
   나 : 나도 그 얘기 들었어. ________________________________.

3. 가 : 마이클이 교통사고로 다리를 다쳤대.
   나 : 나도 얘기 들었어. ________________________________.

4. 가 : 미영 씨, 장학금을 신청했다지요?
   나 : 네. ________________________________.

N 있으면 N(이)다

1. 가 : 추석이 언제지요?
   나 : ________________ 추석이에요.

2. 가 : 불고기 만드는 날이 언제지요?
   나 : ________________ 불고기 만드는 날이에요.

3. 가 : 우체국 문 닫는 시간이 언제지?
   나 : ________________ 문 닫는 시간이야.

4. 가 : 결혼식이 언제예요?
   나 : ________________________________.

낫다 / 짓다 / 웃다 / 벗다

1. 가 : 지영 씨, 토니 씨랑 같이 사진 찍을래요?
   나 : 좋아요.
   가 : 그럼 내가 찍어 줄 테니까 모두 예쁘게 ________세요.

2. 가 : 그 얘기 들었어요?
   나 : 무슨 얘기요?
   가 : 저 산 위에 박물관을 ________ 거래요.

3. 가 : 마이클 씨, 동생이 많이 아프다고 들었어요.
   나 : 네, 그동안 많이 아팠는데 지금은 다 ____________.
   가 : 그래요? 잘됐네요.

4. 가 : 수경 씨, 한국 사람은 집 안에서 신발을 __________?
   나 : 그럼요. 한국 사람은 집 안에서 신발을 신지 않아요.

복습 1

어휘와 문법

I 다음에서 알맞은 단어를 골라서 문장에 맞게 쓰세요. (1–15)

전공	종일	가져가다	나다	나오다	낫다	다치다	맑다
모이다	받다	변하다	빼다	뽑다	사과하다	신청하다	참석하다
타다	편리하다	갑자기	굉장히	더구나	오랜만에	한	

1. 친구가 한국어 말하기 대회에서 상금으로 50만 원을 (　　　　　)고 했다.
2. 한 달 있으면 동생 졸업식인데 나는 (　　　　　) 수 없어서 대신 선물을 보내려고 한다.
3. 제가 요즘 너무 바빠요. 이번 일에서 저를 좀 (　　　　　) 주세요.
4. 어제 아침엔 날씨가 (　　　　　)는데 오후엔 (　　　　　) 소나기가 내렸다.
5. 이번 금요일에는 바바라 씨 집에 모두 (　　　　　)서 파티를 하기로 했는데 나는 음료수를 (　　　　　)기로 했어요.
6. 감기는 목이 아프면 목감기, 콧물이 (　　　　　)면 코감기, 기침이 (　　　　　)면 기침감기라고 한다. 감기에 걸리면 보통 열도 (　　　　　)다.
7. 주말에 (　　　　　) 고등학교 친구를 만났는데 너무 많이 (　　　　　)서 처음에는 그 친구가 아닌 줄 알았다.
8. 내 동생이 오토바이를 타고 가다가 사고가 나서 팔과 다리를 (　　　　　)다. 심하게 (　　　　　)지는 않았지만 다 (　　　　　)려면 (　　　　　) 3주쯤 걸린다고 한다.
9. 어제는 (　　　　　) 바빠서 아침, 점심, 저녁을 모두 못 먹었다.
10. 오늘 아침에는 늦잠을 잤다. (　　　　　) 길도 많이 막혀서 지각을 했다.
11. 내가 지금 쓰고 있는 휴대 전화는 사진도 찍을 수 있고 버스 요금이나 지하철 요금도 낼 수 있어서 아주 (　　　　　).

12. 선생님께서 다음 주 월요일에 반장을 (　　　　　　　)고 하셨다.

13. 등록금이 모자라서 장학금을 (　　　　　　　)데 받을 수 없게 됐다.

14. 나는 피아노 치는 것을 좋아해서 대학에 가서 (　　　　　　)으로 음악을 공부하려고 한다.

15. 지난주에 남자 친구와 싸웠다. 잘못했다고 나에게 먼저 (　　　　　　)기 전까지는 말하지 않을 것이다.

Ⅱ (　　　) 안의 문형을 써서 대화를 완성하세요. (16-27)

16. 가 : 냉면 먹어 보셨지요? 맛이 어땠어요?
    나 : ……………………………………………………………………………….
    (A/V-(으)ㄹ 줄 몰랐다)

17. 가 : 무슨 음식을 좋아하세요?
    나 : 저는 ……………………………………………………………………….
    (N만 빼고)

18. 가 : 이번 학기가 끝나면 졸업이에요.
    나 : 그래요? 그럼 제가 ……………………………………………………….
    (축하[감사, 사과]하는 뜻으로)

19. 가 : 다음 주에는 학교에 못 올 것 같아요.
    나 : 네, 저도 들었어요. ……………………………………………………?
    (A/V-다지요?)

20. 가 : 지난 주말에 왜 못 쉬었어요?
    나 : ……………………………………………………………………………….
    (V-느라고)

21. 가 : 이번 주말에 날씨가 어떻대요?
나 : ....
(A/V-(으)ㄹ 거라고 하다)

22. 가 : 부모님께 전화해 보셨어요? 요즘 어떻게 지내신다고 하세요?
나 : ....
(A/V-대요)

23. 가 : 방학이 되려면 며칠 남았지요?
나 : ....
(N 있으면 N(이)다)

24. 가 : 오늘 왜 그렇게 피곤해 보여요?
나 : ....
(더구나)

25. 가 : 한국 음식이 어때요?
나 : ....
(V-아/어 보니까)

26. 가 : 수미 씨가 많이 아프다지요?
나 : 네, 빨리 ....
(V-아/어야 할 텐데)

27. 가 : 아까 아사코 씨가 뭐라고 했어요?
나 : ....
(V-느냐고/A-(으)냐고 묻다)

CD 1 _ track 6

듣 기

I 다음을 잘 듣고 내용이 같은 것을 고르세요. (1-3)

1. ① 어제 늦게까지 잤다.
   ② 어제도 회사에서 잤다.
   ③ 어제 잠을 자야 할 시간에도 일했다.

2. ① 서울이 복잡하다고 생각한다.
   ② 서울이 복잡하지 않다고 들었다.
   ③ 서울에 사람은 많지만 교통은 괜찮다.

3. ① 나는 준석 씨에게 한턱낼 것이다.
   ② 준석 씨는 생일 파티에 못 올 것이다.
   ③ 준석 씨는 자기 생일에 한턱낼 것이다.

II 다음을 잘 듣고 어울리는 대답을 고르세요. (4-6)

4. ① 제 졸업식에 꼭 오세요.
   ② 사정이 있어서 참석 못 했어요.
   ③ 네. 와 주시면 동생이 좋아할 거예요.

5. ① 우리 마이클 집에 문병 가자.
   ② 감기가 심해서 학교에 못 온대.
   ③ 어서 감기가 나아야 할 텐데 걱정이야.

6. ① 같이 가자고 했어요.
   ② 빨리 돌아가고 싶어요.
   ③ 다음 달에 돌아갈 거라고 해요.

III 다음 대화를 잘 듣고 질문에 맞는 답을 고르세요. (7-8)

7. ①

②

③

8.

11월

일	월	화	수	목	금	토
1	2	3	4	5	6	7
8	9	10	11	12	13	14
15	16	17	18	19	20	21
22	23	24	25	26	27	28
29	30					

방학 (1–14)

개학 (16)

① 11월 2일　　② 11월 16일　　③ 11월 30일

IV 다음을 잘 듣고 질문에 맞는 답을 고르세요. (9-10)

9. ①

	최저 기온	최고 기온
오늘	-1℃	10℃
내일	-3℃	12℃

②

	최저 기온	최고 기온
오늘	-5℃	12℃
내일	-3℃	10℃

③

	최저 기온	최고 기온
오늘	-1℃	10℃
내일	-5℃	12℃

10. ①  ②  ③ 

V 다음을 잘 듣고 질문에 답하세요. (11-12)

11. (   )

12. ① 이 사람은 내일 학교에 올 수 없다.
    ② 이 사람 부모님은 한국에 처음 오셨다.
    ③ 주말에 제주도 날씨는 아주 좋을 것이다.

말하기

▶ **친구와 이야기해 보세요.**

1. 서울에 와서 처음 해 본 것이 있습니까? 어땠습니까?

서울에 와서 지하철을 처음 타 봤어요.
지하철을 타 보니까 아주 편리했어요.
지하철이 이렇게 편리한 줄 몰랐어요.

	처음 했습니다.	어땠습니까?
①	지하철을 탔다.	편리했다.
②	서울 타워에 올라갔다.	건물과 차가 아주 많이 보였다.
③	김치를 먹었다.	
④		
⑤		
⑥		

2. 한국에 와서 여러분 나라의 문화와 달라서 이상하다고 생각한 것이 있습니까? 친구와 이야기해 보세요.

읽 기

I 다음 문장과 뜻이 비슷한 것을 고르세요. (1-3)

1. 친구 동생이 그렇게 친절할 줄 몰랐다.

① 친구가 친절하다.
② 친구 동생을 모른다.
③ 친구 동생이 친절하다.

2. 친구에게 전화해 보니까 감기에 걸려서 학교에 못 나온대요.

① 내가 감기에 걸렸다.
② 친구가 학교에 못 온다.
③ 친구가 나에게 전화했다.

3. 일주일 있으면 이번 학기가 모두 끝납니다.

① 일주일 후에 학기가 끝난다.
② 이번 학기는 일주일 동안이다.
③ 일주일 전에 학기가 시작했다.

II 다음을 읽고 맞는 내용을 고르세요. (4-5)

4.

세계의 날씨		
도시	날씨	최저 기온 / 최고 기온
서울		22℃ / 31℃
타이베이		27℃ / 31℃
뉴욕		22℃ / 30℃
파리		13℃ / 23℃

① 파리는 날씨가 맑다.
② 한국은 지금 겨울이다.
③ 뉴욕의 최저 기온은 22도이다.

5.

마라톤 대회

♣ 언제 : 4월 19일 오전 10시
♣ 어디 : 서울대 운동장
♣ 누구 : 서울대 학생과 교직원

＊ 참가자에게 점심과 작은 선물을 드립니다.
＊ 참가 신청은 ☎ 880-5488로 하시면 됩니다.

① 전화로 신청할 수 있다.
② 점심은 자기가 준비해야 한다.
③ 서울대 학생만 참가할 수 있다.

III 다음을 읽고 대답하세요. (6)

한 학기 동안 하루도 결석하지 않은 학생에게는 개근상을 줍니다. 지각을 세 번까지 하는 것은 괜찮지만 네 번 이상 하면 개근상을 받을 수 없습니다. 또 시험에서 90점 이상 받은 학생은 우등상을 받게 됩니다. 개근상과 우등상은 한 학기가 끝나는 수료식 날 받습니다.

6. 무엇에 대한 글입니까?
① 시험 안내
② 상에 대한 안내
③ 학기 기간에 대한 안내

IV 다음 대화를 순서에 맞게 만드세요. (7)

7.

가 : 머리도 아프고 배도 많이 아프대요.
나 : 그것 참 안됐군요. 어디가 아프대요?
다 : 어서 나아야 할 텐데…….
라 : 민수 씨가 오늘 회사에 안 나왔네요. 무슨 일인지 아세요?
마 : 집에 연락해 보니까 많이 아프대요.

(라) – (　　) – (　　) – (　　) – (　　)

V 다음을 읽고 대답하세요. (8-11)

오늘 한국에 와서 처음으로 우체국에 가 봤다. 아직 한국말을 잘 못해서 걱정이 되었지만 동생 생일 선물을 부쳐야 했다.

나는 우체국 직원에게 미국에 소포를 부치고 싶다고 했다. 그 직원은 항공편과 배편이 있는데 어느 것으로 보내겠느냐고 물었다. 내가 대답을 빨리 못 하고 있으니까 그 직원이 항공편은 비행기로 보내는 것이고 배편은 배로 보내는 것이라고 친절하게 설명해 주었다. 물론 항공편이 배편보다 요금이 비싸지만 비행기로 보내면 한 일주일쯤 걸리고 배로 보내면 한 달 이상 걸릴 거라고 했다.

동생 생일이 9일이니까 오늘 빠른 것으로 보내면 생일 전에 도착할 것 같아서 **그것**으로 보내 달라고 했다. 소포 안에는 무엇이 있느냐고 물었다. 나는 동생에게 보낼 선물인데 스웨터 한 벌, 셔츠 두 장, 바지 한 벌, 장갑 한 켤레와 책 한 권이라고 했다. 무게가 3킬로그램이라고 했고 요금은 3만 2천 원이라고 했다. 돈을 내면서 나는 고맙다고 인사했다. 그리고 그 사람이 참 친절하다고 생각하면서 우체국을 나왔다.

8. 나는 왜 우체국에 갔습니까?
① 소포를 보내려고　　② 편지를 보내려고　　③ 생일 카드를 보내려고

9. 위 글에서 '그것'은 무엇입니까?
① 소포　　② 배편　　③ 항공편

10. 오늘은 며칠인 것 같습니까?
① 1일　　② 7일　　③ 9일

11. 위 글과 맞지 않는 것은 어느 것입니까?
① 나는 오늘 처음 한국에 왔다.
② 우체국 직원이 자세히 설명해 주었다.
③ 동생의 생일을 축하하는 뜻으로 선물을 보내려고 한다.

1 친구가 여러분에게 이메일을 보냈습니다.

편지 읽기

답장 | 전체답장 | 전달 | 삭제 | 수신거부 | 스팸신고 | 목록보기 | 이전 | 다음

제목	앤디에게
보낸 날짜	2005/01/12 10:20
보낸 사람	이준석〈ljs@snu.ac.kr〉 주소록에 추가 수신거부
받는 사람	앤디〈anndy@hotmail.com〉

안녕. 그동안 잘 지냈니? 그곳은 요즘 날씨가 어떠니? 여기는 눈이 많이 왔어.

너도 우리 형 알지? 다음 주에 한 20일 동안 우리 형이 네 고향에 가는데 날씨가 어떠냐고 너에게 물어봐 달래. 날씨가 더울 때는 한 몇 도쯤 되니? 밤에도 날씨가 덥니? 참, 우산도 준비해 가야 할까?

우리 형이 비자 받을 준비를 하느라고 바빠서 내가 너에게 물어봐 주겠다고 했어. 또 무엇을 준비해야 할까? 준비해야 하는 것이 있으면 가르쳐 줘.

그럼 답장 기다릴게. 안녕.

준석이가

II 친구에게 답장을 써 보세요.

편지 쓰기

보내기 | 임시저장 | 다시쓰기 | 자주 쓰는 주소

받는 사람	이준석<ljs@snu.ac.kr>
함께 받는 사람	
제목	

5과 방 값이 얼마라고 하셨지요?

연습 5.1

CD1 _ track 7 문형 연습

[보기] 선생님(T) : 방 값은 30만 원입니다.
학　생(S) : 네? 방 값이 얼마라고 하셨어요?

1. T : 수업 시작은 9시입니다.
   S : ....

2. T : 졸업식은 2월 26일입니다.
   S : ....

3. T : 저분은 김 선생님이십니다.
   S : ....

4. T : 버스 정류장은 약국 앞에 있습니다.
   S : ....

연습 5.2

[보기] 선생님(T) : 사람이 정말 많네요.
학　생(S) : (시장) 시장은 어디나 그래요.

1. T : 날씨가 정말 덥네요.
   S : (여름) ....

2. T : 물건 값이 정말 비싸네요.
   S : (이 가게 물건) ....

3. T : 학생들이 컴퓨터를 참 잘하네요.
   S : (우리 학교 학생) ....

4. T : 민수가 컴퓨터 게임을 너무 좋아하네요.
   S : (요즘 아이들) ....

연습 5.3

[보기] 선생님(T) : 한국 영화만 좋아하세요?
학　생(S) : 아뇨, 무슨 영화나 다 좋아해요.

1. T : 농구만 잘하세요?
   S : ....

2. T : 소설책만 읽으세요?
   S : ....

3. T : 조용한 음악만 좋아하세요?
   S : ....

4. T : 이 식당은 설렁탕만 맛있어요?
   S : ....

연습 5.4

[보기] 선생님(T) : 동대문 시장이 싸네요. 남대문 시장은 어때요?
학　생(S) : 남대문 시장도 마찬가지예요.

1. T : 날씨가 덥네요. 일본은 요즘 어때요?
   S : ....

2. T : 지하철이 편리하네요. 버스는 어때요?
   S : ....

3. T : 이 교실이 크네요. 옆 교실은 어때요?
   S : ....

4. T : 설악산이 아름답네요. 한라산은 어때요?
   S : ....

대화 연습

▶ **친구와 함께 대화를 만들어 보세요.**

얼마 / 누구 / 어디 / 언제 / 무엇

1. 가 : 고향이 ________________(이)라고 하셨지요?
   나 : ________________(이)라고 했어요.

2. 가 : 전공이 ________________(이)라고 하셨지요?
   나 : ________________ 이에요/예요.

3. 가 : 저분이 우리 한국어 선생님이세요.
   나 : 네? 지금 저분이 ________________(이)라고 하셨어요?

4. 가 : 이사가 ________________(이)라고 하셨지요?
   나 : 다음 주 토요일요.

5. 가 : 책값이 ________________ 라고 하셨지요?
   나 : 15,000원이에요.

어디나[누구나, 언제나, 무엇이나] (다)
무슨[어느, 어떤] N(이)나 (다)

1. 가 : 무슨 음식을 좋아하세요?
   나 : 저는 ________________ 다 잘 먹어요.

2. 가 : 컴퓨터를 배우고 싶어요.
   나 : 그럼 이 책을 보세요. 이 책을 보면 ________________ 쉽게 배울 수 있어요.

3. 가 : 제일 일찍 오는 학생이 누구예요?
   나 : 마이클 씨가 ________________ 제일 일찍 와요.

마찬가지(이)다

1. 가 : 이 가게는 딸기 값이 좀 비싼 것 같은데요.
   나 : 아니에요. 요즘 딸기 값은 ....
2. 가 : 서울은 생활비가 비싸요.
   나 : 큰 도시는 ....
3. 가 : 저는 병원 가는 것이 제일 싫어요.
   나 : ....
4. 가 : 옷값이 남대문 시장이 싸요? 동대문 시장이 싸요?
   나 : ....

연락[편지, 전화]을/를 주다[드리다, 하다]

1. 가 : 부모님께 자주 .... ?
   나 : 아뇨. 한 달에 한 번밖에 ....
   가 : 그럼 부모님께서 걱정을 많이 하시겠어요.
2. 가 : 친구가 화가 났어요.
   나 : 왜요? 무슨 일이 있었어요?
   가 : 너무 바빠서 친구에게 ....
3. 가 : 저 다음 달에 귀국해요.
   나 : 그래요? 고향에 도착하면 꼭 ....
   가 : 그렇게 할게요.
4. 가 : 친구에게 편지를 보낸 지 한 달이 넘었는데 답장이 안 와요.
   나 : 그래서 요즘은 편지 대신 이메일로 ....
   가 : 저도 다음부터는 이메일을 보내려고 해요.

6과 하숙 생활에 적응할 수 있을지 걱정이에요

CD1 _ track 8 **문형 연습**

연습 6.1

[보기] 선생님(T) : 좋은 하숙집을 찾아야 돼요.
학　생(S) : 좋은 하숙집을 찾을 수 있을지 걱정이에요.

1. T : 취직해야 돼요.
   S : ……………………

2. T : 비행기 표를 사야 돼요.
   S : ……………………

3. T : 대학교에 입학해야 돼요.
   S : ……………………

4. T : 외국 생활에 적응해야 돼요.
   S : ……………………

연습 6.2

[보기] 선생님(T) : 한국어 배운 지 오래됐어요?
학　생(S) : 아니요, 얼마 안 됐어요.

1. T : 결혼한 지 오래됐어요?
   S : ……………………

2. T : 한국에 산 지 오래됐어요?
   S : ……………………

3. T : 고향 음식 먹은 지 오래됐어요?
   S : ……………………

4. T : 고등학교 졸업한 지 오래됐어요?
   S : ……………………

연습 6.3

[보기] 선생님(T) : 하숙비에 전기 요금이 포함돼요?
학 생(S) : 네, 하숙비에 전기 요금도 포함돼요.

1. T : 등록금에 책값이 포함돼요?
   S : ....
2. T : 음식 값에 커피 값이 포함돼요?
   S : ....
3. T : 하숙비에 수도 요금이 포함돼요?
   S : ....
4. T : 아파트 관리비에 전화 요금이 포함돼요?
   S : ....

연습 6.4

[보기] 선생님(T) : 수업 시간에 늦으면 안 되지요?
학 생(S) : 네, 수업 시간에 늦으면 곤란해요.

1. T : 술을 마시면 안 되지요?
   S : ....
2. T : 교실에서 담배 피우면 안 되지요?
   S : ....
3. T : 수업 시간에 휴대폰 받으면 안 되지요?
   S : ....
4. T : 여기서 큰 소리로 이야기하면 안 되지요?
   S : ....

대화 연습

▶ **친구와 함께 대화를 만들어 보세요.**

V-(으)ㄹ 수 있을지 걱정이다

1. 가 : 하숙집을 찾는다지요?
   나 : 하숙집을 구하고 있는데 싸고 좋은 방을 ______________________.
2. 가 : 왜 그래요? 무슨 일 있어요?
   나 : 주말에 부산에 가려고 하는데 기차표를 ______________________.
3. 가 : 요즘 취직 준비를 한다지요?
   나 : 한국 회사에서 일하고 싶은데 ______________________.
4. 가 : 왜 그래요? 무슨 일 있어요?
   나 : 내일까지 해야 할 일이 있는데 ______________________.
5. 가 : 왜 그래요? 무슨 일 있어요?
   나 : ______________________.

V-(으)ㄴ 지 얼마 안 되었다 / V-(으)ㄴ 지 오래되었다

1. 가 : 결혼한 지 얼마나 됐어요?
   나 : ______________________. 한 1년쯤 됐어요.
2. 가 : 고등학교를 졸업한 지 얼마나 됐어요?
   나 : ______________________. 한 20년쯤 됐어요.
3. 가 : 아르바이트를 시작한 지 얼마나 됐어요?
   나 : ______________________. 한 달쯤 됐어요.
4. 가 : 이 집으로 이사한 지 얼마나 됐어요?
   나 : ______________________.

N이/가 N에 포함되다

1. 가 : 커피 값도 받나요?
   나 : 아니요. 음식 값에 ______________________________.

2. 가 : 전기 요금도 내야 돼요?
   나 : 아니요. ______________________________.

3. 가 : 공항 이용료도 따로 내요?
   나 : 아니요. 비행기 표 값에 ______________________________.

4. 가 : 이 호텔 숙박료가 왜 이렇게 비싸지요?
   나 : 숙박료에 ______________________________.

A/V-(으)면 곤란하다

1. 가 : 여기서 담배를 피워도 돼요?
   나 : 아뇨. 여기서 담배를 ______________________________.

2. 가 : 버스 안에서 노래를 불러도 돼요?
   나 : 아뇨. 버스 안에서 노래를 ______________________________.

3. 가 : 주말까지 일을 다 못 끝내겠어요.
   나 : 안 돼요. ______________________________.

4. 가 : 지난달에 빌린 돈을 다음 달에 드려도 될까요?
   나 : 미안하지만 ______________________________.

5. 가 : 지하철 안에서 전화를 받아도 괜찮아요?
   나 : 네. 하지만 큰 소리로 ______________________________.

7과 서울에서 집 사기는 하늘의 별 따기예요

CD1 _ track 9 **문형 연습**

연습 7.1

[보기] 선생님(T) : 민수가 왜 학교에 안 오지?
학 생(S) : (요즘 바쁘다) 요즘 바쁜가 봐.

1. T : 영희가 왜 아직 안 일어나지?
   S : (많이 피곤하다) ....
2. T : 시험이 왜 이렇게 안 끝나지?
   S : (문제가 어렵다) ....
3. T : 저 가게엔 왜 항상 사람이 많지?
   S : (물건 값이 아주 싸다) ....
4. T : 극장에서 나오는 사람들이 왜 저렇게 웃지?
   S : (영화가 정말 재미있다) ....

연습 7.2

[보기] 선생님(T) : 학교에 왜 이렇게 사람이 많지?
학 생(S) : (졸업식을 하다) 졸업식을 하나 봐.

1. T : 밖이 왜 이렇게 시끄럽지?
   S : (아이들이 싸우다) ....
2. T : 다나카가 왜 저렇게 뛰어가지?
   S : (약속 시간에 늦었다) ....
3. T : 민수가 왜 저렇게 피곤해 보이지?
   S : (잠을 못 잤다) ....
4. T : 바바라가 왜 기분이 나빠 보이지?
   S : (안 좋은 소식을 들었다) ....

연습 7.3

[보기] 선생님(T) : 어느 식당이 맛있는지 아세요?
학　생(S) : (서울식당) 서울식당이 맛있다고 들었어요.

1. T : 김 선생님이 어디 가시는지 아세요?
   S : (홍콩) ....

2. T : 비가 어느 계절에 많이 오는지 아세요?
   S : (여름) ....

3. T : 민수 씨가 어느 회사에 다니는지 아세요?
   S : (삼성) ....

4. T : 바바라 씨가 무슨 음식을 잘 먹는지 아세요?
   S : (떡국) ....

연습 7.4

[보기] 선생님(T) : 사전 있지요?
학　생(S) : 아니요. 사전 없는데 어떡하죠?

1. T : 내일 시간 있지요?
   S : ....

2. T : 지금 갈 수 있지요?
   S : ....

3. T : 김 선생님 계시지요?
   S : ....

4. T : 청소 다 했지요?
   S : ....

대화 연습

▶ **친구와 함께 대화를 만들어 보세요.**

A/V-다고 듣다 / A/V-(으)ㄹ 거라고 듣다

1. 가 : 마이클 씨는 요즘 뭐 한대요?
   나 : 취직할 회사를 ______________________.

2. 가 : 책값도 등록금에 포함돼요?
   나 : 아뇨, 책값은 ______________________.

3. 가 : 이번 주말에는 날씨가 어떨까요?
   나 : 흐리고 눈이 조금 ______________________.

4. 가 : 요즘 버스 요금이 얼마예요?
   나 : 지금은 800원인데 다음 달에 ______________.

5. 가 : 토니 씨 여자 친구는 어떤 사람이래요?
   나 : ______________________________.

V-나 보다 / A-(으)ㄴ가 보다 / N인가 보다

1. 가 : 저 사람 좀 보세요. 수영을 아주 잘하는데요.
   나 : ______________________________.

2. 가 : 민석 씨가 오늘도 안 나왔네요. 많이 ______________.
   나 : 네, 제가 전화해 보니까 독감에 걸렸대요.

3. 가 : 지하철이 ______________. 모두 뛰어가는데요.
   나 : 그럼 우리도 빨리 뜁시다.

4. 가 : 요즘 지연 씨 기분이 안 좋아 보이는데 무슨 일 있대요?
   나 : 남자 친구와 또 ______________________.

5. 가 : 백화점에 왜 저렇게 사람들이 많지?
   나 : 오늘부터 세일 ______________________.

6. 가 : 극장 앞에 사람들이 정말 많네요.
   나 : 영화가 ______________________.

A/V-(으)ㄴ/는데 어떡하죠?

1. 가 : 내일 만날까요?
   나 : 미안해요. 내일은 ______________________?

2. 가 : 녹차 있어요?
   나 : 커피밖에 ______________________?

3. 가 : 마이클 씨, 집 구경 좀 해도 돼요?
   나 : ______________________?

4. 가 : 같이 저녁 먹으러 갑시다. 시간 괜찮지요?
   나 : ______________________?

5. 가 : 밖에 비가 오는 것 같은데 우산 가져왔어?
   나 : ______________________?

한 N도 안[못] V

1. 가 : 롯데월드에 가 봤어요?
   나 : 아뇨, 아직 ______________________.

2. 가 : 삼계탕 먹어 봤어요?
   나 : ______________________.

3. 가 : 친구들이 다 결혼했어요?
   나 : ______________________.

8과 차 소리가 들려서 시끄러워요

CD1 _ track 10 **문형 연습**

연습 8.1

[보기] 선생님(T) : 산을 봐요.
학 생(S) : 산이 보여요.

1. T : 문을 열어요.
   S : ……………………………………
2. T : 전화를 끊었어요.
   S : ……………………………………
3. T : 도둑을 잡았어요.
   S : ……………………………………
4. T : 전화번호를 바꿨어요.
   S : ……………………………………

연습 8.2

[보기] 선생님(T) : 창문을 열었어요.
학 생(S) : 창문이 열려 있어요.

1. T : 창문을 잠갔어요.
   S : ……………………………………
2. T : 벽에 그림을 걸었어요.
   S : ……………………………………
3. T : 칠판에 글씨를 썼어요.
   S : ……………………………………
4. T : 책상 위에 책을 놓았어요.
   S : ……………………………………

연습 8.3

[보기] 선생님(T) : 왜 창문을 안 닫아요?
학　생(S) : (창문, 안 닫다) 창문이 안 닫혀요.

1. T : 왜 공중전화로 걸어요?
   S : (휴대폰, 안 걸다) ……………………

2. T : 왜 대답을 안 했어요?
   S : (부르는 소리, 안 듣다) ……………………

3. T : 왜 전화하다가 끊었어요?
   S : (전화, 끊다) ……………………

4. T : 왜 이 가게에는 딸기가 없어요?
   S : (딸기, 다 팔다) ……………………

연습 8.4

[보기] 선생님(T) : 운동을 자주 하세요?
학　생(S) : 네, 자주 하는 편이에요.

1. T : 영화를 자주 보세요?
   S : ……………………

2. T : 백화점에 자주 가세요?
   S : ……………………

3. T : 음악을 자주 들으세요?
   S : ……………………

4. T : 아침에 일찍 일어나세요?
   S : ……………………

대화 연습

▶ **친구와 함께 대화를 만들어 보세요.**

V-이/히/리/기

1. 가 : 왜 교실 안으로 들어가지 않고 밖에 서 있어요?
   나 : 문이 ________서 못 들어가요.

2. 가 : 밖이 시끄러우니까 창문 좀 ________까요?
   나 : 그런데 창문이 잘 ________지 않아요.

3. 가 : 교실이 어두워서 칠판 글씨가 잘 안 ________요.
   나 : 좀 더 크게 쓰면 학생들이 잘 ____ 수 있겠지요?

4. 가 : 제 이야기 잘 ____었지요?
   나 : 목소리가 너무 작아서 잘 안 ________는데요.

5. 가 : 무슨 책을 ____고 있어요?
   나 : 경제학 책인데 너무 어려워서 잘 안 ________요.

6. 가 : 고양이가 개에게 ________고 있군요. 개가 고양이를 잡을 수 있을까요?
   나 : 글쎄요. 고양이가 빨라서 안 ________ 것 같아요.

7. 가 : 마이클 씨에게 전화 좀 ____어 보세요.
   나 : 이 전화는 고장이 나서 안 ________는데요. 다른 전화로 ________게요.

8. 가 : 아기가 자요?
   나 : 네, 할머니에게 ________서 편안히 자고 있어요.

9. 가 : 저 안내문에 뭐라고 ________ 있어요?
   나 : 위험하니까 조심하라고 ________ 있어요.

10. 가 : 시간이 너무 늦어서 지하철이 ________면 어떡하지요?
    나 : 걱정 말아요. 내가 집까지 차로 데려다 줄게요.

11. 가 : 그 영화를 재미있게 .... 어요?

나 : 앞에 키 큰 사람이 앉아 있어서 잘 안 .... 어요.

12. 가 : 여행 떠난다지요?

나 : 계획이 .... 서 못 떠날 것 같아요.

13. 가 : '베스트셀러'가 뭐죠?

나 : 제일 많이 .... 는 책이에요.

14. 가 : 이사 갔다지요? 새 전화번호 좀 알려 주세요.

나 : 주소는 .... 지만 전화번호는 같아요.

15. 가 : 문을 잘 .... 어요?

나 : 잠깐 기다리세요. 문이 잘 .... 는지 볼게요.

A/V-(으)ㄴ/는 편이다

1. 가 : 운동을 좋아하세요?

나 : 네, ...

2. 가 : 밤에 일찍 자요?

나 : 아뇨, ...

3. 가 : 토니 씨는 방 정리를 잘 하세요?

나 : ....

4. 가 : 컴퓨터로 한글을 잘 치세요?

나 : ....

5. 가 : 영화를 자주 보세요?

나 : ....

복습 2

어휘와 문법

I 다음에서 알맞은 단어를 골라서 문장에 맞게 쓰세요. (1-10)

누구나	어디나	자취	전세	정도	집들이	출퇴근	벌다	시끄럽다
연락하다	적응하다	포함되다	곤란하다	마찬가지다	엉망이다			

1. ( ) 시간에는 ( ) 길이 복잡하기 때문에 버스나 택시보다 지하철을 타는 것이 좋다.

2. 그 학생은 이제 한국 생활에 ( )서 매운 한국 음식도 잘 먹는다.

3. 이 식당은 음식 값이 좀 비싸지만 음식 값에 커피도 ( )다.

4. 요즘은 컴퓨터가 많이 싸져서 100만 원 ( )만 있으면 좋은 것을 살 수 있다.

5. 한국에서는 이사를 하면 집을 정리한 후에 가족이나 친구를 불러서 같이 식사를 하는데 이것을 ( )라고 한다.

6. 오늘 어떤 사람이 와서 수미 씨의 전화번호를 가르쳐 달라고 했다. 나는 그 사람이 조금 이상한 것 같아서 전화번호를 가르쳐 주는 것은 ( )고 했다.

7. 준걸 씨가 오늘 학교에 늦게 왔는데 머리가 ( )다. 아침에 늦게 일어나서 그냥 나왔다고 했다.

8. 사라 씨는 하숙집에 살지 않고 혼자 ( )를 한다.

9. 고향에 있는 여자 친구를 못 만난 지 벌써 3개월이 되었다. 어제 여자 친구에게서 전화가 왔는데 보고 싶다고 했다. 보고 싶은 건 나도 ( ).

10. 지금 살고 있는 집은 차 소리가 크게 들려서 너무 ( ). 돈을 많이 ( )서 더 넓은 집으로 이사 가면 좋겠다.

II 다음에서 알맞은 동사를 골라서 문장에 맞게 쓰세요. (11-20)

걸다	놓다	듣다	막다	바꾸다	보다	쓰다	열다	잠그다	팔다

11. 전화가 고장인가 봐요. 계속 전화했지만 안 (   )요.
12. 이 가게에서 제일 잘 (   )는 컴퓨터가 어떤 거예요?
13. 밖에서 새 건물 짓는 소리가 (   )서 시끄러워요.
14. 태풍 때문에 우리 여행 계획이 (   )고 들었어요.
15. 창문이 (   ) 있으니까 시원한 바람이 들어와서 좋습니다.
16. 아파트 문이 (   ) 있는데 열쇠가 없어서 못 들어가요.
17. 토요일 오후가 되면 언제나 길이 (   )서 지하철을 타는 게 좋다.
18. '위험' 이라고 크게 (   ) 있습니다.
19. 요즘 제 눈이 많이 나빠졌나 봐요. 칠판 글씨가 잘 안 (   )요.
20. 책상 위에 (   ) 책이 누구 책이에요? 제가 좀 읽어도 될까요?

III (   ) 안의 문형을 써서 대화를 완성하세요. (21-30)

21. 가 : 이 옷들 중에서 어느 옷이 나한테 잘 어울려요?
    나 : ....
    (무슨[어느, 어떤] N(이)나 (다))

22. 가 : 민수 씨, 내일 수업에서 발표한다지요?
    나 : ....
    (V-(으)ㄹ 수 있을지 걱정이다)

23. 가 : 배고프지 않아요?
나 : ………………………………………………………………………….
(V-(으)ㄴ 지 얼마 안 되었다[오래되었다])

24. 가 : 커피 값도 내야 하나요?
나 : ………………………………………………………………………….
(N이/가 N에 포함되다)

25. 가 : 수업 중에 휴대 전화를 받아도 돼요?
나 : ………………………………………………………………………….
(A/V-(으)면 곤란하다)

26. 가 : 바바라 씨는 한복을 많이 입어 보았지요?
나 : ………………………………………………………………………….
(한 N도 안[못] V)

27. 가 : 돈이 있으면 만 원만 빌려 주세요.
나 : …………………………………………………………………………?
(A/V-(으)ㄴ/는데 어떡하죠?)

28. 가 : 한국에 오기 전에 서울이 어떻다고 들었어요?
나 : ………………………………………………………………………….
(A/V-다고/N(이)라고 듣다)

29. 가 : 다나카 씨가 하루 종일 잠만 자네요.
나 : ……………………………………………. 열이 나고 기침도 심하대요.
(V-나 보다 / A-(으)ㄴ가 보다)

30. 가 : 이사한 집은 어때요?
나 : ………………………………………………………………………….
(A/V-(으)ㄴ/는 편이다)

CD**1** _ track 11

듣 기

I 다음을 잘 듣고 내용이 같은 것을 고르세요. (1-3)

1. ① 지연 씨는 음식을 잘 만들어요.
   ② 지연 씨는 맛있는 음식을 좋아해요.
   ③ 지연 씨는 무슨 음식이나 다 잘 먹어요.

2. ① 그 사람을 몰라요.
   ② 그 사람을 안 지 오래되었어요.
   ③ 그 사람을 안 지 오래되지 않았어요.

3. ① 나는 제주도에 한 번 가 봤어요.
   ② 나는 제주도에 가 보지 못했어요.
   ③ 나는 제주도에 가 본 적이 있어요.

II 다음을 잘 듣고 어울리는 대답을 고르세요. (4-6)

4. ① 내가 택시비를 낼게요.
   ② 네, 택시를 잡아야 해요.
   ③ 괜찮아요. 택시 대신 지하철을 타면 돼요.

5. ① 한국신문요.
   ② 신문을 다 팔았어요.
   ③ 신문이 잘 팔릴 줄 몰랐어요.

6. ① 한국 음식을 좋아한다고 들었어요.
   ② 한국 음식을 좋아하시는 모양이에요.
   ③ 매운 것만 빼고 다 좋아하는 편이에요.

Ⅲ 다음 대화를 잘 듣고 질문에 맞는 답을 고르세요. (7-8)

7. ①

아파트 매매

20평
매매 8,000만 원
☏ 000-0000

②

아파트 전세

20평
3,000만 원
☏ 000-0000

③

아파트 월세

20평
보증금 2,000만 원
월세 10만 원
☏ 000-0000

8. ①

②

③

Ⅳ 다음을 잘 듣고 질문에 맞는 답을 고르세요. (9-10)

9.

- 하숙집 위치 : 학교 앞 지하철역 앞
- 하 숙 비 : 40만 원 45만 원 50만 원
- 식 사 : 아침 점심 저녁
- 하숙비에 포함되는 것 : 전기 요금 전화 요금

10. ① 학교 앞에 있는 하숙집은 지금 구하기가 쉽다.
② 이 사람은 학교 바로 앞에 있는 하숙집이 좋다.
③ 학교 앞에 있는 하숙집이 지하철역 앞보다 비싸다.

V 다음을 잘 듣고 질문에 답하세요. (11-12)

11. (   )

12. ① 이사한 집은 꽃과 나무가 많다.
② 김 선생님이 우리 집 집들이에 오셨다.
③ 집은 정리가 안 돼서 아주 엉망이었다.

말하기

▶ **친구와 이야기해 보세요.**

1. 여러분은 지금 방을 찾고 있습니다.

(가)

〈같이 살 사람을 찾습니다〉

- 20평짜리 아파트
- 학교에서 버스로 25분
- 방 2, 화장실 1, 부엌
- 방 값 : 35만 원
- 요리 가능함
- 강아지가 3마리 있음

(나)

〈룸메이트를 구합니다〉

- 15평짜리 주택
- 학교에서 걸어서 10분
- 큰 방 1, 화장실 1, 부엌
- 방 값 : 30만 원
- 지하철역 3분 거리
- 시장, 공원, 도서관, 체육관 아주 가까움

	(가)	(나)
마음에 드는 조건		
마음에 안 드는 조건		
더 알고 싶은 것		

2. 한 사람은 '집을 찾고 있는 사람'이 되고 한 사람은 '같이 살 사람을 구하는 사람'이 되어서 친구와 이야기해 보세요.

읽 기

I 다음 문장과 뜻이 비슷한 것은 어느 것입니까? (1-3)

1. 영숙 씨는 언제나 부지런해요. 동생도 마찬가지예요.

① 영숙 씨와 동생은 다르다.
② 영숙 씨와 동생은 얼굴이 닮았다.
③ 영숙 씨와 동생은 성격이 비슷하다.

2. 나는 그 배우를 굉장히 좋아해서 그 사람이 나오는 영화는 무슨 영화나 다 본다.

① 그 배우는 무슨 영화나 다 본다.
② 그 배우는 어떤 영화에나 다 나온다.
③ 나는 그 배우가 나오는 영화는 다 본다.

3. 지영 씨는 어제 본 시험이 엉망이라고 했다.

① 지영 씨는 시험을 잘 봤다.
② 지영 씨는 시험을 보지 않았다.
③ 지영 씨는 시험을 아주 못 봤다.

II 다음을 읽고 맞는 내용을 고르세요. (4-6)

4.

불고기 정식 7,000원
(커피 포함, 2인분 이상)

① 불고기 정식을 싸게 준다.
② 불고기 정식을 시키면 커피도 준다.
③ 불고기 정식은 혼자 시켜도 먹을 수 있다.

5.

하숙생 구함

1인실-40만 원 / 2인실-30만 원
아침, 저녁 식사 제공

☎ 887-5781

① 하숙집을 찾는다.
② 방을 혼자 쓰면 30만 원이다.
③ 하숙비에 아침, 저녁 식사가 포함된다.

6.

아파트 전세 값이 많이 올랐습니다. 아파트 전세를 구하려는 사람은 많은데 전세를 놓는 사람은 별로 없어서 30평 아파트 전세 값이 지난달에는 5,000만 원이었으나 이번 달에는 5,500만 원이 되었습니다.

① 아파트 전세 값이 비싸졌다.
② 아파트 사려고 하는 사람이 많다.
③ 아파트 전세를 지난달보다 싸게 구할 수 있다.

III 다음 대화를 읽고 빈 곳에 들어갈 알맞은 말을 고르세요. (7-8)

7.

: 어휴, 방이 엉망이군요.

: 네. 이사한 지 얼마 안돼서 아직 정리를 다 못 했어요.

: 다나카 씨가 혼자 정리할 수 있겠어요?

: ....

: 아, 동생이 내일 바쁘지 않은가 보군요.

① 괜찮아요. 혼자 정리할 수 있어요.
② 내일 제 동생이 도와주러 온다고 했어요.
③ 제 동생은 정리를 아주 잘하는 편이에요.

8.

: 저기 좀 보세요. 극장 앞에 사람들이 많이 서 있네요!

: 정말 많군요! 영화가 아주 재미있나 봐요.

: 우리 반 친구한테서 들었는데 굉장히 재미있대요.

: 나도 그 영화가 국제 영화제에서 상을 탄 좋은 영화라고 들었어요.

: ....

: 글쎄요. 11시에 시작하는 표를 살 수 있을지 걱정이네요.

① 표를 예매했지요?
② 표를 벌써 샀어요?
③ 그런데 표를 살 수 있을까요?

IV 다음을 읽고 대답하세요. (9-11)

한국에서 집 사기는 아주 힘들다고 한다. 특히 서울은 집값이 굉장히 비싸기 때문에 많은 사람들이 전세나 월세 집에서 산다고 들었다.

학교를 졸업한 후에 취직해서 월급을 받으면서 사는 젊은 사람들에게는 자기 집을 사는 것이 쉽지 않은 일이다. 보통 회사에서 15년 이상 일을 하면서 열심히 돈을 벌면 작은 아파트를 하나 살 수 있게 된다고 들었다. 물론 부모가 집을 사 주거나 집 살 때 도와주면 문제는 간단하다. 그러나 그런 사람은 별로 많지 않다고 한다.

그래서 요즘 젊은이들은 집을 사는 것이 너무 오래 걸리니까 집 대신 자동차를 사서 즐겁게 살려고 하는 사람들이 많다고 한다. **그 사람들**은 집은 없어도 괜찮지만 차가 없으면 곤란하다고 생각한다. 그들은 현재가 미래보다 더 중요하다고 느끼기 때문에 미래의 일은 걱정하지 않는 것 같다.

9. '서울에서 집 사기가 굉장히 어렵다' 는 말을 다른 말로 바꿔 보세요.
⇒ 서울에서 집 사기는 ....

10. **'그 사람들'** 은 누구를 말합니까?
① 부모들 ② 요즘 젊은이 ③ 집을 먼저 사는 사람

11. 요즘 젊은이들의 생각이 아닌 것은 무엇입니까?
① 미래보다 현재가 더 중요하다.
② 집은 없어도 차는 꼭 있어야 한다.
③ 집값이 비싸지만 자기 집은 꼭 있어야 한다.

쓰 기

I 여러분은 지금 어떤 집에 살고 있습니까? 메모해 보세요

- 같이 사는 사람 :
- 집 안에 있는 것 :
- 집 근처에 있는 것 :
- 교통 :
- 좋은 것 :
- 불편한 것 :

II 여러분이 지금 살고 있는 집이나 고향 집에 대해 써 보세요.

9과 언제든지 예금하고 찾을 수 있지요?

CD2 _ track 1 문형 연습

연습 9.1

[보기] 선생님(T) : 이 예금은 일 년 후에만 찾을 수 있어요?
학 생(S) : 아뇨, 언제든지 찾을 수 있어요.

1. T : 학생만 갈 수 있어요?
   S : ....
2. T : 오전에만 만날 수 있어요?
   S : ....
3. T : 안 매운 음식만 먹을 수 있어요?
   S : ....
4. T : 여기에서 책만 빌릴 수 있어요?
   S : ....

연습 9.2

[보기] 선생님(T) : 하늘이 어두워지네.
학 생(S) : (비가 오다) 곧 비가 올 모양이야.

1. T : 바람이 많이 부네.
   S : (추워지다) ....
2. T : 갑자기 조용해지네.
   S : (회의를 시작하다) ....
3. T : 바바라가 부동산에 갔대.
   S : (이사를 가다) ....
4. T : 마이클 동생도 한국에 왔대.
   S : (공부를 시작하다) ....

연습 9.3

[보기] 선생님(T) : 동생이 왜 조용하지?
학　생(S) : (잠을 자다) 잠을 자는 모양이야.

1. T : 사람들이 왜 안 오지?
   S : (길이 막히다) ....

2. T : 토니가 왜 음식을 준비하지?
   S : (손님이 오다) ....

3. T : 학생들이 왜 답을 못 쓰지?
   S : (문제가 어렵다) ....

4. T : 민수가 왜 저렇게 뛰어가지?
   S : (아주 바쁘다) ....

연습 9.4

[보기] 선생님(T) : 버스 탈까?
학　생(S) : (지하철 타다) 버스 타는 대신 지하철 타는 게 어때?

1. T : 축구할까?
   S : (농구하다) ....

2. T : 커피 마실까?
   S : (녹차 마시다) ....

3. T : 넥타이 선물할까?
   S : (모자 선물하다) ....

4. T : 영화 보러 갈까?
   S : (노래방 가다) ....

대화 연습

▶ **친구와 함께 대화를 만들어 보세요.**

A/V-(으)ㄴ/는/(으)ㄹ 모양이다

1. 가 : 어, 하늘이 흐려지네.

   나 : 곧 눈이 ______________________________.

2. 가 : 냉장고에 우유가 없네.

   나 : 동생이 ______________________________.

3. 가 : 마이클 씨가 계속 전화를 안 받아요.

   나 : ______________________________.

4. 가 : 수미 씨한테 보낸 편지가 다시 돌아왔어요.

   나 : 수미 씨 집 주소가 ______________________________.

5. 가 : 저 두 사람은 요즘 잘 안 만나는 것 같지요?

   나 : 아마 둘이 ______________________________.

V-는 대신

1. 가 : 쓰기 연습할까요?

   나 : 쓰기 연습은 많이 했으니까 ______________________________.

2. 가 : 마이클 씨에게 연락해야 하는데 전화를 안 받아요.

   나 : 그럼 ______________________ 이메일을 보내세요.

3. 가 : 점심 값은 내가 낼게.

   나 : 정말? 그럼 네가 ______________________________.

4. 가 : 내일 바바라 씨 결혼식에 갈 거죠?

   나 : 사정이 있어서 못 가요. ______________________________.

V-는 법

1. 가 : 이 케이크는 만들기가 쉬워요.
   나 : 그래요? 그러면 ____________ 좀 가르쳐 주세요.

2. 가 : 난 김치 담글 줄 모르는데 아는 사람 없을까?
   나 : 배우고 싶어? 그럼 내가 김치 ____________을 아니까 가르쳐 줄게.

3. 가 : 미국에 살았는데 젓가락 ____________을 언제 배웠어요?
   나 : 어릴 때 할머니께서 가르쳐 주셨어요.

4. 가 : 한국말을 잘 몰라서 돈을 잘 찾을 수 있을지 걱정이에요.
   나 : 걱정 말아요. 은행 직원이 돈 ____________을 가르쳐 줄 거예요.

언제든지[어디든지, 누구든지, 무엇이든지]
무슨[어느, 어떤] N(이)든지

1. 가 : 선생님께 이 문법을 여쭤 보고 싶은데 언제 시간이 있으세요?
   나 : ____________ 좋아요.

2. 가 : 생일 선물로 무엇을 받고 싶으세요?
   나 : 축하하는 뜻으로 주는 선물은 ____________ 다 좋아요.

3. 가 : 예금 통장을 만들고 싶은데 한국 사람만 만들 수 있나요?
   나 : 아니에요. ____________ 만들 수 있어요.

4. 가 : 무슨 음식을 좋아하세요?
   나 : ________________________.

5. 가 : 어떤 책을 좋아하세요?
   나 : ________________________.

10과 아무리 찾아도 안 보이네요

CD2 _ track 2 문형 연습

연습 10.1

[보기] 선생님(T) : 지갑 찾았어요?
학　생(S) : (찾다, 안 보이다) 아무리 찾아도 안 보여요.

1. T : 일을 다 끝냈어요?
   S : (하다, 안 끝나다) ________________

2. T : 감기 다 나았어요?
   S : (약을 먹다, 안 낫다) ________________

3. T : 바바라를 찾았어요?
   S : (부르다, 대답이 없다) ________________

4. T : 그 문제 답을 알겠어요?
   S : (생각하다, 모르겠다) ________________

연습 10.2

[보기] 선생님(T) : 왜 병원에 가세요?
학　생(S) : (친구가 아프다) 친구가 아프거든요.

1. T : 왜 그 시장으로 가세요?
   S : (그 시장이 싸다) ________________

2. T : 왜 그 식당에만 가세요?
   S : (그 식당이 맛있다) ________________

3. T : 왜 오늘은 학교에 안 가세요?
   S : (수업이 없다) ________________

4. T : 왜 이렇게 음식을 많이 준비하세요?
   S : (손님이 오시다) ________________

연습 10.3

[보기] 선생님(T) : 얼굴이 안 좋아 보이네요.
학　생(S) : (주말에 아팠다) 주말에 아팠거든요.

1. T : 피곤해 보이네요.
   S : (잠을 잘 못 잤다) ....

2. T : 오늘 예뻐 보이네요.
   S : (머리를 잘랐다) ....

3. T : 기분이 좋아 보이네요.
   S : (월급을 받았다) ....

4. T : 가방이 무거워 보이네요.
   S : (사전을 가져왔다) ....

연습 10.4

[보기] 선생님(T) : 기차표를 사야 돼요?
학　생(S) : 네. 미리 사 두세요.

1. T : 사진을 찍어야 돼요?
   S : ....

2. T : 발표 준비를 해야 돼요?
   S : ....

3. T : 비행기 표를 예약해야 돼요?
   S : ....

4. T : 유학 가려면 여권을 준비해야 돼요?
   S : ....

대화 연습

▶ **친구와 함께 대화를 만들어 보세요.**

아무리 A/V-아/어도

1. 가 : 단어 외우기가 어때요?
   나 : .... 금방 잊어버려요.

2. 가 : 가방을 잃어버렸다고 들었는데 찾았어요?
   나 : 아뇨. .... 안 보여요.

3. 가 : 영하 10도인데 오늘도 운동하러 나갈 거예요?
   나 : 그럼요. .... 운동은 매일 해야 돼요.

4. 가 : 아까 만난 사람 이름이 무엇인지 생각나세요?
   나 : 아뇨. .... 생각이 안 나요.

5. 가 : 좀 비싼 것 같은데 살 거예요?
   나 : ....

6. 가 : 바빠서 내일 회의에 참석 못 할 것 같은데 어떡하지요?
   나 : ....

7. 가 : 하루 종일 쉬어서 이제는 피곤하지 않지요?
   나 : ....

A/V-거든요

1. 가 : 아이스크림을 왜 안 드세요?
   나 : 아이스크림을 먹으면 ....

2. 가 : 오늘 좀 피곤해 보이네요.
   나 : ....

3. 가 : 왜 갑자기 이사를 하려고 하세요?
   나 : 하숙비가 ....

4. 가 : 마이클 씨, 오늘 정말 멋있네요! 좋은 일이 있나 봐요.
   나 : ....

5. 가 : 이사하느라 힘들었을 텐데 좀 더 자지 그래요?
   나 : 더 자고 싶지만 잘 수가 없어요. ....

6. 가 : 오늘은 왜 혼자 식사를 해요?
   나 : ....

7. 가 : 요즘 왜 마이클 씨랑 얘기를 안 해요?
   나 : ....

V-아/어 두다

1. 가 : 친구가 놀러 오기로 했는데 방이 엉망이라서 어떡하지?
   나 : 걱정마. 내가 ....

2. 가 : 저 영화가 정말 재미있다고 하는데 일요일에 같이 볼래?
   나 : 그래. 그럼 내가 오늘 ....

3. 가 : 그 식당은 항상 사람이 많은데 주말에 자리가 있을까?
   나 : 내가 오늘 전화해서 ....

4. 가 : 주말에 친구가 집에 놀러 오기로 했는데 먹을 게 없어서 어떡하지?
   나 : ....

5. 가 : 방학에 여행을 가려고 하는데 비행기 표가 있을까?
   나 : ....

11과 같이 저녁이라도 하는 게 어때?

CD2 _ track 3 문형 연습

연습 11.1

[보기] 선생님(T) : 배고픈데 라면 있니?
학 생(S) : (빵) 없는데 빵이라도 줄까?

1. T : 목마른데 맥주 있니?
   S : (콜라) ....

2. T : 심심한데 만화책 있니?
   S : (신문) ....

3. T : 잠이 오는데 커피 있니?
   S : (녹차) ....

4. T : 돈이 모자라는데 만 원만 빌려 줄래?
   S : (오천 원) ....

연습 11.2

[보기] 선생님(T) : 공부를 많이 했어요.
학 생(S) : 정말 공부를 많이 했구나.

1. T : 날씨가 좋아요.
   S : ....

2. T : 잠을 많이 잤어요.
   S : ....

3. T : 영화가 재미있어요.
   S : ....

4. T : 너무 많이 먹었어요.
   S : ....

연습 11.3

[보기] 선생님(T) : 저녁에 뭐 할 거예요?
학　생(S) : (청소를 하다) 청소를 좀 해야겠어요.

1. T : 주말에 뭐 할 거예요?
   S : (운동을 하다) ....

2. T : 오후에 뭐 할 거예요?
   S : (머리를 자르다) ....

3. T : 방학에 뭐 할 거예요?
   S : (아르바이트를 하다) ....

4. T : 일요일에 뭐 할 거예요?
   S : (친구를 만나다) ....

연습 11.4

[보기] 선생님(T) : 주말에 무슨 계획 있어요?
학　생(S) : 아무 계획도 없는데요.

1. T : 내일 무슨 일 있어요?
   S : ....

2. T : 어제 누구 만났어요?
   S : ....

3. T : 방학에 어디 갔다 왔어요?
   S : ....

4. T : 생일에 무슨 선물 받았어요?
   S : ....

대화 연습

▶ **친구와 함께 대화를 만들어 보세요.**

N(이)라도

1. 가 : 점심 안 먹었어요? 지금 밥이 없는데…….
   나 : 그럼 라면 ________ 주세요.

2. 가 : 대단히 죄송합니다만 지금 갈비탕은 안 되는데요.
   나 : 갈비탕이 안 되면 ________________.

3. 가 : 내일 마이클 씨 생일 파티에 못 갈 것 같아요.
   나 : 그럼 마이클 씨한테 ________________.

4. 가 : 심심한데 재미있는 일이 없을까?
   나 : ________________________.

5. 가 : 시간이 없어서 같이 식사는 못 할 것 같아요.
   나 : ________________________.

V-아/어야겠다

1. 가 : 좀 더 얘기하고 가요.
   나 : 시간이 너무 늦어서 ________________.

2. 가 : 일을 다 끝냈군요. 이제부터 뭐 할 거예요?
   나 : 일이 끝났으니까 ________________.

3. 가 : 쿠마르 씨가 맛있는 인도 식당을 안대.
   나 : 그래? 그럼 그 식당에 한번 ________________.

4. 가 : 시험도 끝났는데 뭐 할래요?
   나 : ________________________.

5. 가 : 마이클 씨가 다리를 다쳐서 병원에 입원했대.
   나 : ________________________.

아무 N도 / 아무것도 / 아무 데도 / 아무도

1. 가 : 아침에 뭘 드셨어요?
   나 : 늦잠을 자서 ______________ 못 먹고 그냥 왔어요.

2. 가 : 방학에 어디 갔다 왔어요?
   나 : ______________ 집에만 있었어요.

3. 가 : 지갑 찾았어요?
   나 : 찾아봤는데 ______________.

4. 가 : 누가 왔어요?
   나 : ______________.

5. 가 : 주말에 약속 있어요?
   나 : ______________.

A/V-(으)ㄴ/는/(으)ㄹ 데

1. 가 : 주말에 어디로 놀러 갈까요?
   나 : 너무 __________ 로 가면 피곤하니까 __________ 로 갑시다.

2. 가 : 왜 그래요? 어디 아파요?
   나 : 어제 __________ 에 너무 오래 있어서 감기에 걸렸나 봐요.

3. 가 : 경주에 가면 어디에 먼저 가 봐야 해요?
   나 : 경주는 __________ 가 너무 많아서 어디를 먼저 가라고 말하기가 어려워요.

4. 가 : 방학인데 왜 집에만 있어? 친구 집에라도 가지?
   나 : 아무 데도 __________ 없어.

5. 가 : 어디에서 만나면 좋을까?
   나 : 지난번에 ______________.

12과 안내 방송이 나오는데요

CD2 _ track 4 문형 연습

연습 12.1

[보기] 선생님(T) : 그 사람은 숙제를 언제 한대?
학　생(S) : (집에 가다) 집에 가자마자 한대.

1. T : 그 사람은 집에 언제 간대?
   S : (수업이 끝나다) ....

2. T : 그 사람은 운동을 언제 한대?
   S : (일이 끝나다) ....

3. T : 그 사람은 청소를 언제 한대?
   S : (일어나다) ....

4. T : 그 사람은 여행을 언제 간대?
   S : (방학하다) ....

연습 12.2

[보기] 선생님(T) : 영화를 언제 볼까?
학　생(S) : (일을 끝내다) 일을 끝낸 후에 보자.

1. T : 쇼핑을 언제 갈까?
   S : (돈을 찾다) ....

2. T : 여행을 언제 갈까?
   S : (시험이 끝나다) ....

3. T : 신발을 언제 살까?
   S : (옷을 사다) ....

4. T : 맥주를 언제 마실까?
   S : (운동을 하다) ....

연습 12.3

[보기] 선생님(T) : 약속 시간을 지키세요.
학　생(S) : 약속 시간을 지키시기 바랍니다.

1. T : 잠깐 기다리세요.
   S : ....

2. T : 뒤로 물러서세요.
   S : ....

3. T : 입장료를 내 주세요.
   S : ....

4. T : 휴대폰을 꺼 주세요.
   S : ....

연습 12.4

[보기] 선생님(T) : 휴가 때 집에 있었어?
학　생(S) : 응, 계속 집에 있었어.

1. T : 어제 일했어?
   S : ....

2. T : 주말에 공부했어?
   S : ....

3. T : 방학 때 한국에 있었어?
   S : ....

4. T : 부산에도 어제 비 왔어?
   S : ....

대화 연습

▶ **친구와 함께 대화를 만들어 보세요.**

V-자마자

1. 가 : 어제 집에 가서 뭐 했어요?
   나 : 너무 피곤해서 ________________ 잤어요.
2. 가 : 박물관이 어디에 있어요?
   나 : 저 건물을 ________________ 오른쪽에 박물관이 있어요.
3. 가 : 마이클 씨는 벌써 갔어요?
   나 : 네. 수업이 ________________________________.
4. 가 : 도착하면 꼭 전화 주세요.
   나 : 네. ________________________________.
5. 가 : 수업 끝나고 집에 가면 제일 먼저 뭘 하니?
   나 : ________________________________.
6. 가 : 아침에 일어나면 제일 먼저 뭘 해요?
   나 : ________________________________.

V-기 전에 / V-(으)ㄴ 후에

1. 가 : 노래방에 언제 가기로 했어요?
   나 : ________________ 노래방에 가기로 했어요.
2. 가 : 토니 씨는 언제부터 한국어를 공부했어요? 미국에서 대학에 다닐 때부터 했어요?
   나 : 아뇨. 한국에 ________________는 한국말을 전혀 못했어요.
3. 가 : 밥을 먼저 먹을까요? 영화를 먼저 볼까요?
   나 : 영화를 ________________ 밥을 먹읍시다.

4. 가 : 한국에 ____________ 무슨 일을 했어요?
   나 : ____.

5. 가 : 한국어 공부를 마치고 나서 고향에 ____________ 무슨 일을 할 거예요?
   나 : ____.

계속(해서)

1. 가 : 어제 왜 나한테 전화 안 했니?
   나 : 무슨 얘기야? 내가 너한테 ______ 전화했는데 안 받았어.

2. 가 : 주말에 좀 쉬었어요?
   나 : 아뇨. ____________ 일했어요.

3. 가 : 요즘도 태권도를 배워요?
   나 : 네, ____________고 있어요.

4. 가 : 서울은 눈이 많이 오다가 이젠 안 오는데 부산은 어때요?
   나 : 부산은 지금도 ____________.

V-기(를) 바라다

1. 가 : 남자 친구랑 곧 결혼해요.
   나 : ____.

2. 가 : 할아버지께서 편찮으세요.
   나 : ____.

3. 가 : 외국으로 유학 가게 되어서 내일 떠나요.
   나 : ____.

복습 3

어휘와 문법

I 다음에서 알맞은 단어를 골라서 문장에 맞게 쓰세요. (1-17)

걸음	아무리	아무 데도	어디엔가	언제든지	현금	계속하다	담그다
맡기다	물러서다	바라다	서명하다	아끼다	알아듣다	여쭈다	자르다
정하다	중요하다	지키다	찾다	대단히	우선	완전히	틀림없이

1. 배가 고프니까 일은 좀 이따가 하고 ( ) 밥부터 먹읍시다.

2. 결석한 날 배운 문법을 잘 모르면 선생님께 ( ) 보세요.

3. 더러워진 옷을 세탁소에 ( )야 하는데 세탁소에 갈 시간이 없다.

4. 지금 ( )이 없는데 카드로 내도 돼요?

5. 현재의 우리들은 항상 쫓기면서 사는 것 같다. 살면서 가끔 한 ( ) 뒤로 ( )서 쉴 수 있는 시간이 필요하다.

6. 은행에서 돈을 ( ) 때 도장이 없으면 ( )도 됩니다.

7. 지난 주말에 하숙집 아주머니한테서 깍두기 ( ) 법을 배웠다. 잊어버릴 것 같아서 공책에 잘 써서 ( ) 두었는데 ( ) 없다. 잃어버린 모양이다.

8. 남한과 북한이 통일되기를 ( ) 마음은 누구나 다 마찬가지일 것이다.

9. 돈을 다 써 버려서 방학 동안에도 아르바이트를 ( )기로 했다.

10. 우리 할아버지는 연세가 많으셔서 다른 사람의 말을 잘 ( )지 못하신다.

11. 저 사람 어디에선가 본 적이 있어요. 아는 사람인데 ( ) 생각해도 이름이 생각나지 않아요.

12. 어제 어머니가 내 머리를 ( ) 주셨다. 미용실에서 ( ) 것보다 덜 예뻤지만 미용실에서 쓸 돈을 ( ) 수 있게 되었다.

13. 미국에서 공부하고 있는 친구에게 이메일이 왔는데 내가 많이 보고 싶다고 했다. 그리고 내가 시간이 있을 때 (   ) 놀러 오라고 했다.

14. 주말에 친구와 영화 보러 가기로 했는데 무슨 영화 볼지는 아직 (   )지 않았다.

15. 내일 (   ) 발표가 있는데 잘할 수 있을지 걱정이 돼서 잠을 잘 수가 없다.

16. 학교 앞에서 친구랑 8시에 만나기로 했는데 늦잠을 자서 9시에 학교에 도착했다. 내가 또 시간을 안 (   ) 친구가 무척 화를 냈다.

17. 제 결혼식에 와 주셔서 (   ) 감사합니다.

II (   ) 안의 문형을 써서 대화를 완성하세요. (18-29)

18. 가 : 생일 선물로 뭘 사 줄까요?
    나 : ....
    (언제든지[어디든지, 누구든지, 무엇이든지])

19. 가 : 수미 씨가 오늘도 학교에 안 왔네요.
    나 : ....
    (A/V-(으)ㄴ/는 모양이다)

20. 가 : 민우 씨에게 연락을 해야 하는데 잘 안 되네요.
    나 : ....
    (V-는 대신)

21. 가 : 한국에서 꼭 배우고 싶은 게 있어요?
    나 : ....
    (V-는 법)

22. 가 : 사람의 이름이나 전화번호를 잘 외우는 편이에요?
    나 : ....
    (아무리 A/V-아/어도)

23. 가 : 오늘 왜 이렇게 집에 일찍 가세요?

나 : ....

(A/V-거든요)

24. 가 : 주말에는 사람이 많을 텐데 그 영화를 볼 수 있을까?

나 : ....

(V-아/어 두다)

25. 가 : 어제는 잠을 12시간이나 잤어.

나 : .... !

(A-구나 / V-는구나)

26. 가 : 무슨 걱정 있어요? 기분이 안 좋아 보이네요.

나 : ....

(아무 N도)

27. 가 : 방학에 뭐 할 거예요?

나 : ....

(V-아/어야겠다)

28. 가 : 박물관에는 언제 가요?

나 : ....

(V-(으)ㄴ 후에)

29. 가 : 아침에 일어나서 제일 먼저 무엇을 해요?

나 : ....

(V-자마자)

CD2 _ track 5

듣 기

I 다음을 잘 듣고 내용이 같은 것을 고르세요. (1-3)

1. ① 주소를 꼭 적어야 한다.
   ② 이메일 주소와 전화번호를 둘 다 적어야 한다.
   ③ 이메일 주소를 쓰기 싫으면 전화번호를 써도 된다.

2. ① 이번 주말에 친구와 만나기로 약속했다.
   ② 이번 주말에 쉬고 싶어서 약속을 하지 않을 생각이다.
   ③ 주말에는 항상 집에서 쉬고 싶어서 약속을 하지 않는다.

3. ① 더 좋은 하숙방을 놓쳤다.
   ② 제일 좋은 하숙방을 구했다.
   ③ 운이 나빠서 하숙방을 아직 못 구했다.

II 다음을 잘 듣고 어울리는 대답을 고르세요. (4-6)

4. ① 아주 바쁘다고 들었어요.
   ② 어젯밤에 12시까지 일했거든요.
   ③ 오늘 하루 종일 집에서 쉬었어요.

5. ① 운이 좋군요.
   ② 잘 찾아봤어요?
   ③ 시계를 누구에게 주었어요?

6. ① 버스라도 타야겠어요.
   ② 좋아요. 택시를 탑시다.
   ③ 택시 요금이 비싸거든요.

Ⅲ 다음 대화를 잘 듣고 질문에 맞는 답을 고르세요. (7-8)

7. ①

②

③

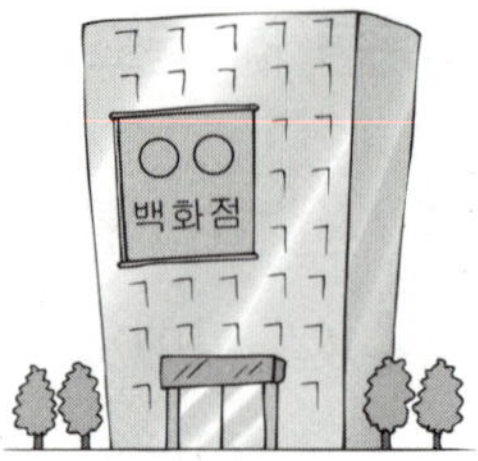

8. ① 돈을 찾고 있다. ② 돈을 저금하고 있다. ③ 통장을 만들고 있다.

Ⅳ 다음을 잘 듣고 질문에 맞는 답을 고르세요. (9-10)

9. ① 병원 ② 아파트 ③ 백화점

10. ① 16일 오전 9시 ② 17일 오전 10시 ③ 17일 저녁 10시

Ⅴ 다음을 잘 듣고 질문에 답하세요. (11-12)

11. (   )

12. ① 내가 늦게 가서 친구를 못 만났다.
② 출구 번호가 달라서 친구를 못 만났다.
③ 친구가 다른 역에 가 있어서 못 만났다.

말하기

▶ **친구와 이야기해 보세요.**

1. 한국의 지하철과 버스에 대해 이야기해 봅시다.

   (1) 지하철이나 버스를 타면 어떤 안내 방송을 들을 수 있습니까?

   (2) 지하철이나 버스에 붙어 있는 광고나 안내문은 어떤 것이 있습니까?

   (3) 지하철이나 버스에서 재미있는 광고나 안내 방송, 안내문을 본 적이 있습니까?

2. 지하철, 버스, 택시 안에서 여러분이 본 일이나 한 일 중에서 생각나는 일이 있습니까? 친구에게 이야기해 주세요.

Ⅰ 다음 문장과 뜻이 비슷한 것은 어느 것입니까? (1-3)

1. 돈이 없으니까 라면이라도 먹어야겠다.

① 돈이 없어서 라면을 먹을 것이다.
② 돈이 없으면 라면을 먹어야 한다.
③ 지금 가장 먹고 싶은 음식은 라면이다.

2. 한국 신문은 아무리 읽어도 이해할 수 없어요.

① 한국 신문은 재미가 없다.
② 한국 신문을 읽지만 내용은 잘 모른다.
③ 한국 신문을 많이 읽어도 외울 수 없다.

3. 동생이 바빠서 편지를 쓰는 대신 이메일을 보낼 모양이에요.

① 동생이 편지 대신 이메일을 보냈다.
② 동생이 바빠서 내가 이메일을 보낼 것이다.
③ 동생이 편지를 쓰지 않고 이메일을 보낼 것 같다.

Ⅱ 다음을 읽고 맞는 내용을 고르세요. (4-6)

4.

> **알 림**
>
> 항상 저희 세탁소를 이용해 주셔서 감사합니다.
> 저희 세탁소는 여름휴가로 4일 동안 문을 닫습니다.
> 급한 일이 있으신 분은 언제든지 연락 주시기 바랍니다.
>
> ☎ 014-673-0981

① 가게 문을 사흘 동안 열지 않는다.
② 이 세탁소는 언제든지 이용할 수 있다.
③ 급한 일이 있으면 전화로 연락할 수 있다.

5.

내 친구 지연이에게

지연아, 몸은 좀 어떠니?
난 아무 일 없이 잘 지내고 있어.
네가 빨리 나아서 학교에 오면 좋겠어.
네가 없으니까 수업 후에 너무 심심해.
그럼 곧 학교에서 보자.

수진이가 ♡

① 수진이는 지연이가 학교에 오기를 바라고 있다.
② 수진이는 수업 후에 지연이를 만나러 갈 것이다.
③ 요즘 지연이는 아무 일 없이 잘 지내고 있는 것 같다.

6.

학생 여러분께 알립니다. 요즘 교실에서 담배를 피우거나 음식을 먹고 쓰레기를 바닥에 버리는 학생들이 있습니다. 교실에서는 담배를 피울 수 없도록 되어 있으니 담배는 흡연실에서만 피워 주시고 쓰레기는 쓰레기통에 버려 주시기 바랍니다.

① 학생은 담배를 피우면 안 된다.
② 학생이 담배를 피우면 건강에 나쁘다.
③ 학교 어디에서나 담배를 피울 수 있는 것은 아니다.

III 다음 대화를 읽고 빈 곳에 들어갈 알맞은 말을 찾으세요. (7)

7.

민호 : 지금은 이가 아파서 아무것도 먹을 수 없어요.

지연 : 국이라도 조금 먹어 보지 그래요?

민호 : 먹고 싶지 않아요. 지연 씨는 이가 아주 건강하다고 들었는데 특별한 방법이 있어요?

지연 : 특별한 방법은 없어요. 그냥 어릴 때부터 하루 3번, 식사한 후 3분이 지나기 전에, 3분 동안 이를 닦았어요.

민호 : ....

① 아! 국을 먹어야겠어요.

② 아! 밥을 먹자마자 이를 닦아야 하는군요.

③ 아! 그래서 지연 씨도 이가 그렇게 아프군요.

IV 다음 글을 순서에 맞게 만드세요. (8)

8.

가 : 수업이 끝나자마자 친구의 교실로 갔다.

나 : 길에서 친구를 만났는데 공부하느라고 내 생일에 못 왔다고 한다.

다 : 오랜만에 맛있는 점심을 먹어서 기분이 좋았다.

라 : 수업이 끝난 후에 다시 만나기로 약속했다.

마 : 그 대신 오늘 점심을 사겠다고 했다.

(나) – (　　　) – (　　　) – (　　　) – (　　　)

V 다음을 읽고 대답하세요. (9-11)

다나카는 피곤해서 늦잠을 잤다. 어제 일본에서 친한 친구가 와서 서울을 안내해 주느라 바빴기 때문이다. 일어나 보니까 집에는 아무도 없었다. ______ 식탁 위에 편지가 있었는데 그것은 아주머니의 편지였다.

'나는 중요한 모임이 있어서 나갑니다. 밥 먹기 싫으면 빵이라도 먹어요. 저녁 시간 전까지는 틀림없이 올게요. 너무 늦게 일어나서 아침을 못 먹어서 어떡하죠? 다음부터는 꼭 일찍 일어나세요. 일찍 일어나야 같이 식사할 수 있지요. ______ 내 친구가 우리 집으로 전화하기로 했는데 좀 받아 주세요.'

다나카는 큰일이라고 생각했다. 한국말로 하는 전화를 알아듣는 일은 아직도 대단히 어려운 일이다. 전화 거는 사람이 천천히 말해야 알아들을 수 있기 때문이다. 다나카는 어떻게 전화를 받아야 할지 걱정이었다.

9. ______에 공통적으로 들어갈 단어를 고르세요.
① 참 ② 그러나 ③ 그리고

10. 다나카는 왜 큰일이라고 생각했습니까?
① 늦잠을 자서 ② 전화를 받아야 해서 ③ 중요한 모임이 있어서

11. 위 글과 맞는 내용은 어느 것입니까?
① 다나카는 아침을 못 먹었다.
② 다나카는 친한 친구의 전화를 기다린다.
③ 다나카는 한국말은 무엇이든지 다 알아듣는다.

쓰 기

1 어떤 일이 있을 때 스트레스를 받습니까? 스트레스를 받으면 어떻게 합니까? 메모해 보세요.

- 스트레스 받을 때 :
- 스트레스 받으면 하는 일 :

Ⅱ 자기만의 스트레스 푸는 법에 대해 써 보세요.

13과 불고기를 만들려면 이런 재료가 필요해요

CD2 _ track 6 문형 연습

연습 13.1

[보기] 선생님(T) : 불고기를 어떻게 만들었어요?
학　생(S) : (학교에서 배우다) 학교에서 배운 대로 만들었어요.

1. T : 김치를 어떻게 담갔어요?
   S : (요리 책에서 보다) ....
2. T : 이것을 어떻게 발음했어요?
   S : (선생님께서 가르쳐 주시다) ....
3. T : 시험공부를 어떻게 했어요?
   S : (친구가 알려 주다) ....
4. T : 전자레인지를 어떻게 사용했어요?
   S : (설명서에 쓰여 있다) ....

연습 13.2

[보기] 선생님(T) : "방학 때 뭐 할 거야?"
학　생(S) : 방학 때 뭐 할 거냐고 물었어요.

1. T : "언제 귀국할 거야?"
   S : ....
2. T : "숙제는 언제 할 거야?"
   S : ....
3. T : "생일 선물로 뭘 살 거야?"
   S : ....
4. T : "수업이 끝나면 식당에 갈 거야?"
   S : ....

연습 13.3

[보기] 선생님(T) : 태국에 대한 책을 많이 샀네요.
학　생(S) : (여행하다) 여행하는 데에 필요해서요.

1. T : 라디오를 사셨네요.
   S : (듣기 연습하다) ....
2. T : 마늘을 많이 사셨네요.
   S : (음식 만들다) ....
3. T : 텔레비전을 많이 보네요.
   S : (한국말 배우다) ....
4. T : 고춧가루를 많이 준비했네요.
   S : (김치 담그다) ....

연습 13.4

[보기] 선생님(T) : 홍차가 좀 써요.
학　생(S) : (레몬) 레몬을 조금 넣으세요.

1. T : 국이 싱거워요.
   S : (소금) ....
2. T : 냉면이 맛이 없어요.
   S : (식초) ....
3. T : 비빔밥이 맛이 없어요.
   S : (참기름) ....
4. T : 불고기 양념이 좀 짜요.
   S : (양파) ....

대화 연습

▶ **친구와 함께 대화를 만들어 보세요.**

N대로

1. 가 : 언제, 어디에서 만날까요?
   나 : 토니 씨 ________________ 시간과 장소를 정하세요. 난 언제든지 괜찮으니까요.
2. 가 : 어제 한 얘기 다른 사람에게 안 하기로 나랑 약속했지?
   나 : ________________ 비밀을 지킬 테니 걱정 마.
3. 가 : 어제 산 세탁기가 잘 안 돌아가는데요.
   나 : 여기 설명서가 있어요. ________________ 해 보세요.
4. 가 : 점심은 어디에서 먹을까요? 식당에 갈까요? 집에서 시켜 먹을까요?
   나 : ________________________________.

V-(으)ㄴ/는 대로

1. 가 : 김치 담그는 법을 좀 가르쳐 주시겠어요?
   나 : 아주머니가 ________________ 담그면 돼요.
2. 가 : 선생님, '으' 발음이 잘 안 되는데요.
   나 : 그럼 내가 ________________ 따라해 보세요.
3. 가 : 발표를 잘할 수 있을지 걱정이에요.
   나 : 어제 ________________만 하면 될 거예요.
4. 가 : 불고기가 정말 맛있네요. 어떻게 만들었어요?
   나 : 학교에서 ________________ 만들었어요.
5. 가 : 장학금을 신청하고 싶은데요. 어떻게 하면 되지요?
   나 : ________________________________.

A/V-냐/자/라고 해서 A/V-다고 했어요

1. 지영 : "뭘 하고 싶으세요?"

   가 : 지영 씨하고 무슨 얘기를 했어요?

   나 : 지영 씨가 내게 ________________ 내가 쉬고 싶다고 했어요.

2. 마이클 : "창문을 여세요."

   가 : 마이클 씨하고 무슨 얘기를 했어요?

   나 : 마이클 씨가 내게 ________________ 내가 창문이 잠겼다고 했어요.

3. 토니 : "한국어 책을 빌려 주세요."

   가 : 토니 씨하고 무슨 얘기를 했어요?

   나 : 토니 씨가 내게 ________________________ 했어요.

4. 바바라 : "점심에 냉면이나 먹읍시다."

   가 : 바바라 씨하고 무슨 얘기를 했어요?

   나 : 바바라 씨가 내게 ________________________ 했어요.

V-는 데(에)는 N이/가 좋다[필요하다]

1. 가 : 듣기 공부를 더 하고 싶은데 어떻게 하면 좋을까요?

   나 : ____________ 데에는 텔레비전 드라마가 좋아요.

2. 가 : 왜 젓가락하고 포크가 모두 필요하지요?

   나 : __________ 데에는 젓가락이 좋지만 __________ 데에는 포크가 좋거든요.

3. 가 : 여행 계획이 바뀌었어요? 비행기를 타지 않고 기차를 타야 하네요?

   나 : ____.

4. 가 : 그렇게 피곤한데 왜 매일 아르바이트를 해요?

   나 : ____.

14과 불고기 맛은 양념에 달려 있어요

CD2 _ track 7 문형 연습

연습 14.1

[보기] 선생님(T) : 일을 끝내지 않으면 집에 갈 수 없지요?
학　생(S) : 네. 일을 끝내야 집에 갈 수 있어요.

1. T : 학생증이 없으면 책을 빌릴 수 없지요?
   S : ....

2. T : 마늘을 넣지 않으면 양념을 맛있게 만들 수 없지요?
   S : ....

3. T : 크게 말하지 않으면 다른 사람들이 들을 수 없지요?
   S : ....

4. T : 공부를 열심히 하지 않으면 시험을 잘 볼 수 없지요?
   S : ....

연습 14.2

[보기] 선생님(T) : 성공할 수 있을까요?
학　생(S) : (성공, 노력) 성공은 노력에 달려 있어요.

1. T : 김치 맛이 좋을까요?
   S : (김치 맛, 양념) ....

2. T : 그 사람이 행복할까요?
   S : (그 사람의 행복, 자기 마음) ....

3. T : 집을 싸게 살 수 있을까요?
   S : (집값, 집주인) ....

4. T : 그 식당이 성공할 수 있을까요?
   S : (그 식당의 성공, 음식 맛) ....

연습 14.3

[보기] 선생님(T) : 장학금을 받을 수 있을까요?
학 생(S) : (이번 시험) 장학금을 받고 못 받는 것은 이번 시험에 달려 있어요.

1. T : 이번 일이 잘 될까요?
   S : (다음 회의) ....

2. T : 발음을 잘할 수 있을까요?
   S : (연습) ....

3. T : 내일 산에 갈 수 있을까요?
   S : (날씨) ....

4. T : 음식이 맛있을까요?
   S : (양념) ....

연습 14.4

[보기] 선생님(T) : 생선은 어떻게 먹어요?
학 생(S) : (굽다) 보통 구워서 먹어요.

1. T : 김은 어떻게 먹어요?
   S : (굽다) ....

2. T : 계란은 어떻게 먹어요?
   S : (삶다) ....

3. T : 야채는 어떻게 먹어요?
   S : (볶다) ....

4. T : 감자는 어떻게 먹어요?
   S : (튀기다) ....

대화 연습

▶ **친구와 함께 대화를 만들어 보세요.**

N에[에게] 달려 있다
A/V-고 못[안] A/V-(으)ㄴ/는 것은 N에[에게] 달려 있다

1. 가 : 사람들이 보통 행복은 무엇에 달려 있다고 말합니까?
   나 : 행복은 ....

2. 가 : 어떻게 하면 불고기가 맛있을까요?
   나 : 불고기가 ....

3. 가 : 시험에서 좋은 성적을 받는 것은 무엇에 달려 있을까요?
   나 : .... 달려 있어요.

4. 가 : 한국말을 아주 잘하고 싶은데 어떻게 하면 되지요?
   나 : ....

5. 가 : 어떻게 하면 성공할 수 있다고 사람들은 말합니까?
   나 : ....

6. 가 : 돈이 별로 없는데 싸게 여행할 수 있는 법 알아요?
   나 : ....

볶다 / 찌다 / 삶다 / 굽다 / 부치다 / 넣다
섞다 / 썰다 / 다지다 / 재우다 / 주무르다

1. 가 : 김치 볶음밥을 어떻게 만들어요?
   나 : 김치 볶음밥을 만들려면 먼저 김치를 잘게 .... 어야 해요. 그 다음 .... 고기를 프라이팬에 .... 후에 김치를 .... 고 밥과 함께 .... 으면 돼요.

2. 가 : 갈비구이나 불고기를 맛있게 하려면 어떻게 하면 돼요?

나 : 갈비구이나 불고기를 맛있게 하려면 양념에 쇠고기를 넣고 잘 ______________ 후에 30분 이상 __________야 해요. 그리고 먹을 때는 센 불에 ______________ 더 맛있어요.

A/V-아/어야 A/V

1. 가 : 9시까지 학교에 도착하려면 집에서 몇 시에 떠나야 해요?

나 : 집에서 7시 반에 ________________ 9시까지 학교에 도착할 수 있어요.

2. 가 : 강남역에 가려면 지하철 몇 호선을 타야 해요?

나 : 2호선을 ____.

3. 가 : 문이 닫히지 않아도 지하철이 출발하나요?

나 : 아니요. 문이 ____.

4. 가 : 바다를 보고 싶은데 서울 근처 어디에 가야 해요?

나 : ____.

5. 가 : 그 영화를 보고 싶은데 표를 사 놓지 않아도 될까요?

나 : ____.

6. 가 : 불고기를 맛있게 구우려면 어떻게 해야 하나요?

나 : ____.

7. 가 : 외국어를 잘하려면 어떻게 하는 것이 좋아요?

나 : ____.

15과 부동산에다 물어보세요

연습 15.1

CD2 _ track 8 문형 연습

[보기] 선생님(T) : 코트를 어디에 놓을까요?
학 생(S) : (소파 위) 소파 위에다 놓으세요.

1. T : 그림을 어디에 걸까요?
   S : (시계 아래) ....
2. T : 이 가방을 어디에 둘까요?
   S : (의자 옆) ....
3. T : 안내문을 어디에 붙일까요?
   S : (칠판 옆) ....
4. T : 전화번호를 어디에 물어볼까요?
   S : (사무실) ....

연습 15.2

[보기] 선생님(T) : 여름은 언제나 더워요?
학 생(S) : 아니에요. 여름이라고 해서 언제나 더운 건 아니에요.

1. T : 시장은 어디나 싸요?
   S : ....
2. T : 겨울은 언제나 추워요?
   S : ....
3. T : 한국 음식은 무엇이나 매워요?
   S : ....
4. T : 한국 사람은 누구나 김치를 좋아해요?
   S : ....

연습 15.3

[보기] 선생님(T) : 부산에 갈 거예요.
학　생(S) : 어디에 갈 거라고요?

1. T : 그저께 만났어요.
   S : ....

2. T : 사무실로 가세요.
   S : ....

3. T : 사촌 형이 왔어요.
   S : ....

4. T : 불고기를 만들어 먹읍시다.
   S : ....

연습 15.4

[보기] 선생님(T) : 이사하는 데 얼마 들었어요?
학　생(S) : (50만 원) 이사하는 데 오십만 원 들었어요.

1. T : 컴퓨터 사는 데 얼마 들었어요?
   S : (백만 원) ....

2. T : 결혼 준비하는 데 얼마 들었어요?
   S : (천만 원) ....

3. T : 한 달 생활하는 데 얼마 들었어요?
   S : (70만 원) ....

4. T : 유럽 여행 가는 데 얼마 들었어요?
   S : (2백만 원) ....

대화 연습

▶ **친구와 함께 대화를 만들어 보세요.**

N(이)라고 해서 A/V-(으)ㄴ/는 것은 아니다

1. 가 : 부자는 누구나 돈을 마음대로 쓰겠지요?
   나 : 아니에요. ....

2. 가 : 태국에는 코끼리가 많아서 항상 볼 수 있다지요?
   나 : ....

3. 가 : 그 친구는 똑똑하고 잘생겼으니까 누구나 좋아하겠지요?
   나 : ....

4. 가 : 한국 사람은 누구나 한국어를 잘 가르칠 수 있나요?
   나 : ....

5. 가 : 중국 남자는 다 요리를 잘한다지요?
   나 : ....

N(이)면 충분하다

1. 가 : 걸어서 가면 집까지 얼마나 걸려요?
   나 : ....

2. 가 : 제주도를 여행하려면 얼마가 필요해요?
   나 : ....

3. 가 : 서울에서 고향까지 가는 데 항공 요금이 얼마나 들지요?
   나 : ....

4. 가 : 일주일 동안 태국으로 여행 가려고 하는데 돈이 100만원 밖에 없어요.
   나 : 괜찮아요. ....

5. 가 : 여기서부터 산꼭대기까지 올라가는 데 오래 걸릴까요?
나 : 아니요. ______________________________.

A/V-다[(으)라/자/냐]고요? / N(이)라고요?

1. 가 : 10만 원만 빌려 주세요.
나 : 네? ______________________________?

2. 가 : 대학로에 연극 구경 갑시다.
나 : 네? ______________________________?

3. 가 : 아침은 잘 안 먹어요.
나 : 네? ______________________________?

4. 가 : 저분이 김 선생님이세요.
나 : 네? ______________________________?

5. 가 : 주말에 이삿짐센터에 전화할 거예요.
나 : 네? ______________________________?

6. 가 : 산꼭대기까지 올라갔다 왔어요?
나 : 네? ______________________________?

7. 가 : 졸업이 언제예요?
나 : 네? ______________________________?

8. 가 : 신림동으로 하숙집을 옮깁시다.
나 : 네? ______________________________?

16과 지금 입고 있는 그 바지는 어때요?

CD2 _ track 9 문형 연습

연습 16.1

[보기] 선생님(T) : 윌슨은 파란색 바지를 입었어요.
학 생(S) : 파란색 바지를 입고 있는 사람이 윌슨이에요.

1. T : 제인은 모자를 썼어요.
   S : ....

2. T : 토니는 노란 넥타이를 맸어요.
   S : ....

3. T : 우리 오빠는 회색 가방을 들었어요.
   S : ....

4. T : 우리 언니는 목걸이와 귀걸이를 했어요.
   S : ....

연습 16.2

[보기] 선생님(T) : 방학에 뭐 할 거예요?
학 생(S) : (여행 가다) 여행이나 갈까 해요.

1. T : 시험 끝나고 뭐 할 거예요?
   S : (잠자다) ....

2. T : 주말에 무엇을 할 거예요?
   S : (영화 보다) ....

3. T : 점심은 무엇을 먹을 거예요?
   S : (김밥 먹다) ....

4. T : 백화점에서 무엇을 살 거예요?
   S : (구두 사다) ....

연습 16.3

[보기] 선생님(T) : 일본에 혼자 갈 거예요?
학　생(S) : (친구) 아니요. 친구를 데리고 갈 거예요.

1. T : 여행을 혼자 갈 거예요?
   S : (동생) ....
2. T : 공원에 혼자 갈 거예요?
   S : (아이) ....
3. T : 졸업식에 혼자 올 거예요?
   S : (아버지) ....
4. T : 세미나에 혼자 참석할 거예요?
   S : (교수님) ....

연습 16.4

[보기] 선생님(T) : 주말에 극장에 갈까?
학　생(S) : 좋아. 그렇지 않아도 가려고 했어.

1. T : 우리 운전 배울까?
   S : ....
2. T : 조카를 데리고 갈까?
   S : ....
3. T : 내일 토니 집에 갈까?
   S : ....
4. T : 오후에 방 좀 정리할까?
   S : ....

대화 연습

▶ **친구와 함께 대화를 만들어 보세요.**

V-고 있다 / V-고 가다[오다]

1. 가 : 우리 반에 안경을 __________ 사람은 모두 몇 명이지요?
   나 : 5명이에요.

2. 가 : 오늘 학교에 넥타이를 __________ 학생 있어요?
   나 : 아뇨, 없어요.

3. 가 : 저기 검은색 원피스를 ________ 진주 목걸이를 __________ 분이 제 어머니세요.
   나 : 그래요? 정말 미인이시네요.

4. 가 : 오늘은 날씨가 추우니까 나갈 때 장갑을 꼭 __________세요.
   나 : 네. 알겠어요. 얘기해 줘서 고마워요.

5. 가 : 손목시계를 __________ 사람은 몇 시인지 좀 알려 주세요.
   나 : 지금 3시예요.

6. 가 : 배낭을 ________ 있군요. 등산을 할 모양인가 봐요?
   나 : 네. 관악산에 올라가려고요.

7. 가 : 산에 갈 때는 모자를 __________는 게 좋을 거예요.
   나 : 그래요? 지금은 모자가 없는데.

8. 가 : 저기 손에 책을 많이 __________ 사람이 우리 형이에요.
   나 : 무거워 보이네요. 빨리 가서 도와주세요.

9. 가 : 결혼식에 운동화를 ________ 가도 되나요?
   나 : 아뇨. 운동화를 __________ 좀 곤란해요.

10. 가 : 마이클 씨는 어디에 있지?
    나 : 저기 한복을 ________ 고무신을 ________ 꽃을 __________ 사람 옆에 있네.

그렇지 않아도

1. 가 : 전화번호를 모르면 114에다가 물어보세요.
   나 : __________ 114에다가 __________.

2. 가 : 수영장에 가려면 수영 모자가 있어야 해요.
   나 : __________ 수영 모자를 __________.

3. 가 : 길이 막히니까 택시를 타지 말고 지하철로 오세요.
   나 : ____________________.

4. 가 : 감기가 심한데 내일은 학교에 오지 말고 쉬세요.
   나 : ____________________.

5. 가 : 방이 엉망이네요!
   나 : ____________________.

데리고 가다[오다] / 모시고 가다[오다] / 데려다 주다 / 모셔다 드리다

1. 가 : 중국에서 친구가 왔는데 내일 등산 갈 때 __________도 될까요?
   나 : 그럼요.

2. 가 : 지영 씨가 많이 아픈가 봐. 내가 지영 씨를 집까지 __________겠어.
   나 : 그래야겠다.

3. 가 : 저 아이가 길을 잃어버린 것 같은데 어떡하지?
   나 : 가까운 경찰서에 __________.

4. 가 : 부모님을 기차역에 __________야 하는데 좀 기다릴래?
   나 : 시간이 얼마나 걸리는데?

5. 가 : 여행갈 때 개는 어떻게 할 거야?
   나 : ____________________.

17과 조카는 뭘 먹이죠?

CD2 _ track 10 문형 연습

연습 17.1

[보기] 선생님(T) : 아기가 혼자 신을 신을 수 있어요?
학 생(S) : 아뇨. 신겨 줘야 돼요.

1. T : 아이가 혼자 옷을 입을 수 있어요?
   S : ....
2. T : 아기가 혼자 밥을 먹을 수 있어요?
   S : ....
3. T : 아기가 혼자 의자에 앉을 수 있어요?
   S : ....
4. T : 아이가 혼자 운동화를 벗을 수 있어요?
   S : ....

연습 17.2

[보기] 선생님(T) : 아이가 혼자 손을 씻었어요?
학 생(S) : 아뇨. 내가 씻겼어요.

1. T : 택시가 그냥 섰어요?
   S : ....
2. T : 아이가 혼자 차에 탔어요?
   S : ....
3. T : 아이가 혼자 옷을 입었어요?
   S : ....
4. T : 민수가 그 일을 맡겠다고 했어요?
   S : ....

연습 17.3

[보기] 선생님(T) : 이 모자를 누가 쓰면 예쁠까?
학　생(S) : (저 아기) 저 아기에게 씌우세요.

1. T : 이 구두를 누가 신으면 맞을까?
   S : (조카) ....

2. T : 이 옷을 누가 입으면 어울릴까?
   S : (동생) ....

3. T : 이 일을 누가 맡으면 제일 잘할까?
   S : (윌슨 씨) ....

4. T : 이 소식을 누가 알면 제일 기뻐할까?
   S : (부모님) ....

연습 17.4

[보기] 선생님(T) : 어떤 신발을 신어야 편할까?
학　생(S) : 아무 신발이나 신어. 다 편할 거야.

1. T : 어떤 옷을 입어야 예쁠까?
   S : ....

2. T : 무슨 과일을 사야 좋아할까?
   S : ....

3. T : 어느 넥타이를 매야 어울릴까?
   S : ....

4. T : 무슨 운동을 해야 살이 빠질까?
   S : ....

대화 연습

▶ **친구와 함께 대화를 만들어 보세요.**

V-이/히/리/기/우

1. 가 : 요즘은 날씨가 자주 바뀌니까 아기를 밖으로 데리고 나갈 때는 조심하세요.
   나 : 네. 쌀쌀할 때 ________고 더울 때 ________ 수 있는 옷을 꼭 준비할게요.

2. 가 : 음악을 좀 들어도 될까요?
   나 : 미안하지만 안 돼요. 아기를 ________야 하거든요.

3. 가 : 아기는 어디에 있어요?
   나 : 회사에 올 때는 아기를 할머니에게 ________요.

4. 가 : 왜 그래요? 무슨 걱정 있어요?
   나 : 편지 봉투에 우표 ________는 것을 깜빡 잊고 그냥 우체통에 넣었어요.

5. 가 : 조카가 걷기 싫어하는데 어떡하죠?
   나 : 피곤한 모양이네요. 그럼 힘들겠지만 ________지 말고 안고 가세요.

6. 가 : 의사 선생님, 우리 아이가 감기에 걸린 것 같아요.
   나 : 먼저 아이를 의자에 ________ 주세요. 열을 재 봅시다.

7. 가 : 저는 어렸을 때 장난이 너무 심해서 어머니가 걱정을 많이 하셨어요.
   나 : 저도 어렸을 때 장난꾸러기였어요. 동생을 자주 ________거든요.

8. 가 : 토니 씨는 코미디언 같아요.
   나 : 그래요? 토니 씨가 그렇게 사람들을 잘 ________는 줄 몰랐어요.

9. 가 : 바바라 씨는 급한 일이 있다고 하고 갔는데 무슨 일이래요?
   나 : 어머니가 손을 다치셔서 숟가락을 들 수 없기 때문에 밥을 ________야 한대요.

10. 가 : 철수 씨가 이번에도 취직을 못 했대요.
    나 : 별로 좋은 소식은 아니니까 다른 사람에게 ________지 맙시다.

11. 가 : 벌써 자려고요?
나 : 네. 참, 내일 일찍 일어나야 하는데 새벽 5시에 좀 .... 줄 수 있어요?

12. 가 : 여기는 택시가 서는 곳이 아닌가 봐요.
나 : 그런 모양이에요. 아무리 .... 려고 해도 택시가 서지 않네요.

13. 가 : 운동화를 혼자 신기 어렵니? 내가 .... 줄게.
나 : 아니에요. 혼자 할 수 있어요.

14. 가 : 지영 씨가 가장 맛있게 .... 수 있는 찌개는 무슨 찌개예요?
나 : 김치찌개요.

15. 가 : 한국 사람들은 술 마실 때 술잔을 여러 사람에게 .... 는 습관이 있다지요?
나 : 네. 그래서 저처럼 술을 잘 못 마시는 사람은 아주 곤란해요.

아무 N(이)나 / 아무거나 / 아무 데나 / 아무나

1. 가 : 음료수는 뭘 사 오라고 했어요?
나 : .... 괜찮다고 했어요.

2. 가 : 이 편지를 어디에 놓을까요?
나 : .... 놓으세요.

3. 가 : 언제 시간이 나세요? 만나서 좀 얘기할 게 있는데요.
나 : .... 다 좋아요. 토니 씨가 편한 시간을 정하세요.

4. 가 : 꼭 제가 가야 돼요?
나 : 아니요. .... 가도 돼요.

5. 가 : 누구한테 그 일을 맡겨야 합니까?
나 : .... 맡겨도 좋습니다.

복습 4

어휘와 문법

I 다음에서 알맞은 단어를 골라서 문장에 맞게 쓰세요. (1-10)

부동산	설명서	굽다	꾸미다	노력(하다)	들다	매다	메다
섞다	성공(하다)	세다	옮기다	재우다	차다	튀기다	

1. 집이 학교에서 너무 멀어서 학교 근처로 집을 (　　　) 생각이다.
2. 불고기와 갈비는 양념을 하고 몇 시간 (　　　) 후 (　　　) 불에 굽는다.
3. 서울이 뉴욕보다 생활비가 적게 (　　　)는 편이다.
4. '노력은 성공의 어머니'라는 말이 있다. (　　　)하고 못 하는 것은 (　　　)에 달려 있다는 뜻이다.
5. 야스코 씨가 새로 이사 간 집에 가 보았는데 방을 아주 예쁘게 (　　　)서 정말 멋있었다.
6. 흰 와이셔츠를 입고 줄무늬 넥타이를 (　　　) 있는 분이 김 교수님이다.
7. 지금 (　　　　　) 손목시계는 작년 생일에 아버지께 받은 선물이다.
8. 저기 파란 운동화를 신고 빨간 배낭을 (　　　)고 있는 사람이 마이클이다.
9. 집을 사거나 팔고 싶을 때 하숙이나 전세를 구할 때 (　　　　　)에다 알아보면 쉽게 구할 수 있다.
10. 그림을 그릴 때 회색을 만들려면 검은색에 흰색을 (　　　　　) 된다.

II 다음에서 알맞은 동사를 골라서 문장에 맞게 쓰세요. (11-20)

걷다	깨다	끓다	눕다	맡다	먹다	벗다	보다
서다	신다	씻다	앉다	알다	울다	웃다	읽다	입다

11. 나는 병원에서 일하는 간호사다. 팔을 다친 사람들에게는 음식을 (   ) 주고 옷을 (   ) 주고 얼굴을 (   ) 주어야 한다. 다리를 다친 사람들은 일어나고 앉고 걷는 것을 혼자 못하기 때문에 의자에 (   )고 침대에 (   ) 줘야 한다. 신발도 (   )고 (   ) 주어야 한다. 어떤 사람은 수술 후에 배가 아파서 마음대로 웃지도 못한다. 그런 사람 앞에서는 (   )는 말을 해서도 안 된다.

12. 어머니께 내일은 일찍 떠나야 하니까 아침 6시에 꼭 (   ) 달라고 했다.

13. 기사 아저씨는 학교 정문 앞에서 차를 (   ) 주었다.

14. 선생님께서는 우리들에게 책을 여러 번 (   )고 틀린 발음을 고쳐 주신다.

15. 이메일로 연락할 것이 있다고 해서 이메일 주소를 (   ).

16. 어제 선생님께서는 학생들에게 '사물놀이' 비디오를 (   ) 주셨다.

17. 우리 회사 사장님이 어제 나에게 중요하고 힘든 일을 (   ).

18. 나도 어렸을 때는 장난이 심해서 내 동생을 (   ) 적이 꽤 많다.

19. 누구나 가장 빠르고 쉽게 (   ) 먹을 수 있는 음식은 라면이다.

20. 조카를 계속 안고 가면 힘들 테니까 이제 좀 (   ).

III ( ) 안의 문형을 써서 대화를 완성하세요. (21-28)

21. 가 : 텔레비전 드라마를 정말 많이 보시네요.
나 : ....
(V-는 데에는 N이/가 좋다)

22. 가 : 불고기가 정말 맛있네요. 요리를 잘하시나 봐요.
나 : ....
(V-(으)ㄴ/는 대로)

23. 가 : 할아버지께서 뭐라고 하셨니?
나 : ....
(V-(으)ㄹ 거냐고 하다[묻다])

24. 가 : 지하철 4호선을 타려면 어느 역에서 내려야 되지요?
나 : ....
(A/V-아/어야 A/V)

25. 가 : 중국 남자는 모두 요리를 잘하나요?
나 : ....
(N(이)라고 해서 A/V-(으)ㄴ/는 것은 아니다)

26. 가 : 이삿짐센터 전화번호를 모르는데 어떻게 하지요?
나 : ....
(N에다가)

27. 가 : 누가 준석 씨 동생이에요?
나 : ....
(V-고 있다)

28. 가 : 마이클 씨, 무슨 음식을 좋아해요?
나 : ....
(아무 N(이)나)

CD2 _ track 11

듣기

I 다음을 잘 듣고 내용이 같은 것을 고르세요. (1–3)

1. ① 커피를 마셨다.
   ② 커피를 별로 좋아하지 않는다.
   ③ 지금 커피를 마실 생각이었다.

2. ① 조카는 없는 게 좋다.
   ② 조카가 싫을 때도 있다.
   ③ 조카는 언제나 장난이 심하다.

3. ① 지금 아이에게 음식을 주면 안 된다.
   ② 아이에게 아무 음식이나 먹여도 된다.
   ③ 아이가 먹을 수 있는 음식이 많지 않다.

II 다음을 잘 듣고 어울리는 대답을 고르세요. (4–6)

4. ① 설명서대로 하면 돼요.
   ② 세탁기가 아주 편리해요.
   ③ 세탁기가 있어야 빨래를 할 수 있어요.

5. ① 3만 원이면 충분해.
   ② 그렇지 않아도 산에 가려고 했어.
   ③ 백화점은 너무 비싸니까 시장에 가자.

6. ① 김치는 1kg만 사면 충분해요.
   ② 김치 담그는 데에는 양념이 많이 필요해요.
   ③ 한국 사람이라고 해서 누구나 김치를 잘 먹는 것은 아니에요.

Ⅲ 다음 대화를 잘 듣고 질문에 맞는 답을 고르세요. (7-8)

7.

이사 갈 곳	신림동	잠실	봉천동
이사 갈 집	주택	기숙사	아파트
이사 시간	평일	주말	공휴일
이사 비용	30만 원	35만 원	45만 원

8. ① 

② 

③ 

Ⅳ 다음을 잘 듣고 질문에 맞는 답을 고르세요. (9-10)

9. ① 

② 

③ 

10. ① 백화점 ② 아파트 ③ 지하철역

Ⅴ 다음을 잘 듣고 질문에 답하세요. (11-12)

11. (   )

12. ① 소금 대신 간장을 넣어야 더 맛있다.
② 생선은 무보다 먼저 넣어야 국물 맛이 좋다.
③ 음식 맛은 싱싱한 재료와 요리하는 사람의 마음에 달려 있다.

말하기

▶ **친구와 이야기해 보세요.**

1. 무슨 일을 합니까? 어떤 옷을 입고 있습니까?

2. 여러분 고향에 유니폼을 입어야 하는 직업이 또 있습니까? 어떤 직업입니까?
   그 직업에 대해서 이야기해 보세요.

I 다음 문장과 뜻이 비슷한 것은 어느 것입니까? (1-3)

1. 한 달 생활비가 50만 원쯤 있으면 충분할 거예요.

① 한 달 동안 먹는 데에만 50만 원 든다.
② 50만 원이 있으면 한 달을 살 수 있다.
③ 한 달 동안 쓸 수 있는 돈은 50만 원이다.

2. 그렇지 않아도 구두 대신 운동화를 신을까 했어요.

① 친구가 말해서 운동화로 바꿔 신었다.
② 구두 대신 운동화를 신은 것은 잘 한 일이다.
③ 구두 대신 운동화를 신을 생각을 하고 있었다.

3. 한국 사람이라고 해서 누구나 다 한국어를 잘 가르치는 것은 아니다.

① 한국 사람은 한국어를 다 잘한다.
② 한국 사람이면 누구나 한국어를 잘 가르칠 수 있다.
③ 한국 사람이지만 한국어를 잘 못 가르치는 사람도 있다.

II 다음을 읽고 맞는 내용을 고르세요. (4-5)

4.

초롱이를 찾습니다.

강아지를 보신 분 연락 바랍니다.
털은 까만색이고 눈이 아주 큽니다.
노란색 옷을 입고 있으며 장난이 아주
심하고 사람들을 좋아하는 편입니다.
☎ 013-452-7942

① 잃어버린 강아지를 찾고 있다.
② 노란 옷을 입은 사람을 찾고 있다.
③ 강아지가 장난이 심해서 사람들이 싫어한다.

5.

'오페라' 가 문을 열었습니다. ♬

사오십 대 어른들을 위한 조용한 음악과 다양한 음식이 준비되어 있습니다. 점심은 20% 할인되며 저녁 식사는 꼭 예약하셔야 합니다.

① 음악회를 안내하고 있다.
② 미리 예약하면 20% 할인된다.
③ 새로 문을 연 식당을 안내하고 있다.

III 다음을 읽고 대답하세요. (6)

시간이 없고 요리를 싫어하시는 분들을 위한 새로운 음식 '마음대로' 가 나왔습니다. '마음대로' 는 봉지를 끓는 물에 넣고 3분만 끓이면 됩니다. 언제 어디서나 끓는 물만 있으면 맛있는 음식을 먹을 수 있습니다. 등산할 때 이용하시면 더욱 편리합니다.

6. 무엇에 대한 글입니까?
① 쉽게 등산하는 법
② 새로 나온 음식 소개
③ 요리 잘하는 법 안내

IV 다음 대화를 읽고 빈 곳에 들어갈 알맞은 말을 찾으세요. (7-8)

7.

의사 : 아이에게 이 약을 하루에 세 번 꼭 먹이세요.
엄마 : 밥을 먹고 나서 약을 먹여야 하나요?
의사 : 그러면 좋겠지만 아이가 밥 먹기를 싫어하면 그냥 약만 먹여도 괜찮아요.
엄마 : ....
의사 : 아이의 옷을 벗기고 따뜻한 물을 조금 주세요.

① 밤에 열이 나면 어떡하죠?
② 주사를 꼭 맞아야 하나요?
③ 밤에 머리를 감겨도 될까요?

8.

영희 : 미선아, 지금 신고 있는 구두 처음 보는 건데 샀니?
미선 : 조카를 잘 봐 줬다고 언니가 사 주었어.
영희 : 좋겠다. 우리 오빠는 ....
미선 : 너희 오빠가 구두쇠이신 모양이다.

① 조카가 없는데
② 조카를 봐 주면 선물을 사 주는데
③ 아무리 조카를 잘 봐 주어도 아무것도 안 사 주는데

V 다음을 읽고 대답하세요. (9–11)

어제는 한국에 와서 처음 맞는 '어린이날'이었다. '어린이날'에도 일을 하는 이모를 위해서 사촌 동생을 데리고 놀이 공원에 갔다. 이모가 사촌 동생과 (가) 먹다 점심과 저녁에 날씨가 추워지면 동생에게 (나) 입다 옷을 가방에 넣어 주었다.

놀이 공원에 아침 일찍 도착했는데 사람이 너무 많아서 깜짝 놀랐다. 놀이 기구를 타려는 사람들이 너무 많아서 한 가지를 타려면 한 시간 이상 기다려야 했다. ________ 사촌 동생은 키가 120cm가 되지 않아서 탈 수 있는 놀이 기구도 별로 없었다.

가족들과 함께 나온 사람들이 많았는데 모두들 행복해 보였다. 우리는 다음에 사람이 적은 날 다시 가기로 약속하고 일찍 돌아왔다. 사촌 동생은 피곤했는지 돌아오는 전철에서 계속 잠을 잤다.

9. (가), (나)의 동사를 알맞은 모양으로 바꿔 보세요.
   (가) .... (나) ....

10. ________에 들어갈 말로 맞는 것은 무엇입니까?
    ① 바로 ② 더구나 ③ 그러나

11. 나는 왜 사촌 동생을 데리고 일찍 돌아왔을까요?
    ① 날씨가 나빠서
    ② 사람이 너무 많아서
    ③ 사촌 동생이 피곤하다고 해서

쓰 기

I 된장찌개를 끓이는 법입니다.

〈재료〉

쇠고기, 호박, 감자, 양파, 두부, 고추, 된장, 마늘, 파, 후추

〈만드는 법〉

1. 쇠고기를 잘게 썰어서 다진 마늘과 후추로 양념한다.
2. 냄비에 고기를 넣고 볶다가 물을 붓고 끓인다.
3. 물에 된장을 넣고 끓인다.
4. 호박, 감자, 양파, 두부를 적당하게 자른다.
5. 고추와 파도 적당하게 자른다.
6. 끓는 찌개에 호박, 감자, 양파, 두부를 넣고 끓이다가 고추, 파, 마늘을 넣고 한 번 더 끓인다.

11 여러분 나라의 음식 만드는 법을 써 보세요.

음식 이름 :

〈만드는 법〉

1.

2.

3.

4.

5.

6.

〈재료〉

18과 표를 사 놓지 않으면 고향에 갈 생각도 못 해요

CD3 _ track 1 **문형 연습**

연습 18.1

[보기] 선생님(T) : 여기서 공부할 거예요?
학　생(S) : 글쎄요, 공부할까 말까 해요.

1. T : 지금 빨래할 거예요?
   S : ....
2. T : 주말에 영화 볼 거예요?
   S : ....
3. T : 여기서 더 기다릴 거예요?
   S : ....
4. T : 오늘 케이크 만들 거예요?
   S : ....

연습 18.2

[보기] 선생님(T) : 시험공부를 다 못 했어요?
학　생(S) : 네. 미리 공부할 걸 그랬어요.

1. T : 기차표를 못 샀어요?
   S : ....
2. T : 연락을 다 못 했어요?
   S : ....
3. T : 준비를 다 못 했어요?
   S : ....
4. T : 청소를 다 못 했어요?
   S : ....

연습 18.3

[보기] 선생님(T) : 시험 잘 봤어요?
학　생(S) : (어렵다) 아뇨, 하도 어려워서 잘 못 봤어요.

1. T : 점심 먹었어요?
   S : (바쁘다) ....

2. T : 아침에 축구했어요?
   S : (춥다) ....

3. T : 이 책 다 읽었어요?
   S : (어렵다) ....

4. T : 오늘 일찍 일어났어요?
   S : (피곤하다) ....

연습 18.4

[보기] 선생님(T) : 요즘도 운동을 자주 해요?
학　생(S) : (바쁘다) 아뇨. 바빠서 운동할 생각도 못 해요.

1. T : 컴퓨터를 살 생각이에요?
   S : (비싸다) ....

2. T : 집에서 김치를 담가 먹어요?
   S : (시간이 없다) ....

3. T : 서울에서도 운전할 생각이에요?
   S : (길이 복잡하다) ....

4. T : 이번 연휴에도 여행 갈 생각이에요?
   S : (일이 많다) ....

대화 연습

▶ **친구와 함께 대화를 만들어 보세요.**

하도 A/V-아/어서 V-(으)ㄹ 생각도 못 하다

1. 가 : 요즘도 주말마다 산에 가세요?
   나 : 요즘은 ………… 바빠서 …………………………………………………………………….

2. 가 : 방학에 고향에 갈 생각이세요?
   나 : 비행기 표가 …………………………………………………………………….

3. 가 : 요즘도 아르바이트하세요?
   나 : 학교 공부가 …………………………………………………………………….

4. 가 : 이 집을 사셨어요?
   나 : 아니요. 전세예요. 집값이 …………………………………………………………….

5. 가 : 요즘 차 가지고 다니세요?
   나 : 아니요. …………………………………………………………………………….

V-(으)ㄹ까 말까 하다

1. 가 : 그 회사에서 일하기로 했어요?
   나 : 아니요. 회사가 너무 멀어서 …………………………………………….

2. 가 : 운동하러 갈 거예요?
   나 : 글쎄요, …………………………………………………………….

3. 가 : 이 옷이 잘 어울리는데 안 살 거예요?
   나 : 글쎄요, …………………………………………………………….

4. 가 : 그 사람과 계속 만날 생각이세요?
   나 : 글쎄요, …………………………………………………………….

V-(으)ㄹ 걸 그랬다

1. 가 : 배고프지요?
   나 : 네. 아침을 ______________________.

2. 가 : 수진 씨 집 전화번호를 알아요?
   나 : 잘 몰라요. 미리 ______________________.

3. 가 : 손님이 많이 오셔서 음식이 모자라겠어요.
   나 : 그럴 것 같지요? 음식을 ______________________.

4. 가 : 친구들이 지금 갑자기 우리 집에 오겠대요.
   나 : 우리 집에요? 집이 엉망인데……. ______________________.

5. 가 : 이 영화는 별로 재미없네요.
   나 : 네. ______________지 말 걸 그랬어요.

V-(으)ㄹ 생각[계획, 예정]이다

1. 가 : 시험 끝난 후에 뭐 할 거예요?
   나 : ______________________.

2. 가 : 돈을 많이 모아서 뭘 하고 싶어요?
   나 : ______________________.

3. 가 : 언제 결혼할 거예요?
   나 : ______________________.

4. 가 : 그 사람은 졸업하면 뭐 할 거래요?
   나 : ______________________.

5. 가 : 그 공연은 언제까지 한대요?
   나 : ______________________.

19과 집에서 송편이나 만들까 해요

CD3 _ track 2 문형 연습

연습 19.1

[보기] 선생님(T) : 언제 그 영화를 봤어요?
학 생(S) : (어리다) 어렸을 때 봤어요.

1. T : 언제 제일 기뻤어요?
   S : (상을 받다) ....

2. T : 언제 제일 슬펐어요?
   S : (할머니가 돌아가시다) ....

3. T : 언제 전화를 받았어요?
   S : (집에 도착하다) ....

4. T : 언제 그 얘기를 들었어요?
   S : (고향에 가다) ....

연습 19.2

[보기] 선생님(T) : 다른 사람도 같이 놀았어?
학 생(S) : (우리) 아니. 우리끼리 놀았어.

1. T : 친구들도 같이 갔어?
   S : (가족) ....

2. T : 다 같이 술 마셨어?
   S : (우리 반 친구들) ....

3. T : 아이들도 같이 먹었어?
   S : (어른들) ....

4. T : 선생님도 같이 불고기 만드셨어?
   S : (학생들) ....

연습 19.3

[보기] 선생님(T) : 한 달이 넘었는데 아직 하숙집을 못 구했어요.
학　생(S) : 한 달이 넘도록 하숙집을 못 구했다고요?

1. T : 2주가 넘었는데 아직 감기가 안 나았어요.
   S : ....

2. T : 마흔 살이 넘었는데 아직 결혼을 못 했어요.
   S : ....

3. T : 10시가 됐는데 아직 아무도 안 왔어요.
   S : ....

4. T : 한 달이 지났는데 아직 부모님께 연락을 못 드렸어요.
   S : ....

연습 19.4

[보기] 선생님(T) : 수영 잘해요?
학　생(S) : 네. 수영엔 자신 있어요.

1. T : 운동 잘해요?
   S : ....

2. T : 영어 잘해요?
   S : ....

3. T : 요리 잘해요?
   S : ....

4. T : 노래 잘 불러요?
   S : ....

대화 연습

▶ **친구와 함께 대화를 만들어 보세요.**

A/V-았/었을 때

1. 가 : 설악산에 언제 가 보았어요?
   나 : 지난번 고향 친구가 한국에 ______________________.

2. 가 : 언제부터 그 사람을 사랑하게 되었어요?
   나 : 처음 __________ 때부터요.

3. 가 : 지갑을 잃어버린 걸 언제 알았어요?
   나 : ______________________________________.

4. 가 : 언제 어머니 생각이 많이 났어요?
   나 : ______________________________________.

5. 가 : 지금까지 살면서 언제 제일 행복했어요?
   나 : ______________________________________.

V-(으)ㄴ 지(가) N이/가 넘다

1. 가 : 마이클 씨랑 바바라 씨가 요즘도 만난대요?
   나 : 아니요. 두 사람이 ______________________.

2. 가 : 형이 참 젊어 보이시네요. 결혼 안 하셨지요?
   나 : 아니에요. ______________________________.

3. 가 : 미유끼 씨가 벌써 퇴원했어요?
   나 : 그럼요. ________________________________.

4. 가 : 그 친구 알게 된 지 오래됐어요?
   나 : 네. 그 친구 ____________________________.

N이/가 넘도록[되도록, 지나도록]

1. 가 : 어제 동생이 늦게 들어왔어요?
   나 : 네. ____________ 안 들어와서 걱정 많이 했어요.

2. 가 : 민수 씨가 아직 취직을 못 했다지요?
   나 : 네. 대학교 졸업한 지 ____________.

3. 가 : 손님이 한 명도 없어요?
   나 : 네. 가게 문 연 지 ____________.

4. 가 : 고향에 자주 연락을 하세요?
   나 : 아니요. ____________.

A/V-다는 말[얘기, 소식, 소문]을 듣다

1. 가 : 그 가게에 요즘 손님이 별로 없다지요?
   나 : 네. 저도 ____________.

2. 가 : 요즘 ________ 씨 소식 들었어요?
   나 : ____________.

3. 가 : 그 사람이 아주 똑똑하다지요?
   나 : 네. ____________.

V-는 데(에) 자신이 있다[없다]

1. 가 : 요리를 잘하는 편이에요?
   나 : ____________.

2. 가 : 자기가 할 수 있는 일 중에서 가장 자신 있는 일이 뭐예요?
   나 : ____________.

20과 오래 기다리게 해서 미안해

CD3 _ track 3 **문형 연습**

연습 20.1

[보기] 선생님(T) : 누가 빵을 먹다가 여기 두었지?
학 생(S) : 그거 제가 먹던 빵이에요.

1. T : 누가 책을 읽다가 여기 두었지?
   S : ....

2. T : 누가 신문을 보다가 여기 두었지?
   S : ....

3. T : 누가 그림을 그리다가 여기 두었지?
   S : ....

4. T : 누가 커피를 마시다가 여기 두었지?
   S : ....

연습 20.2

[보기] 선생님(T) : 일을 다 끝낼 수 있을까?
학 생(S) : 일을 다 끝내기는 틀렸어.

1. T : 택시를 잡을 수 있을까?
   S : ....

2. T : 집에 일찍 갈 수 있을까?
   S : ....

3. T : 시험을 잘 볼 수 있을까?
   S : ....

4. T : 오늘 영화를 볼 수 있을까?
   S : ....

연습 20.3

[보기] 선생님(T) : 불고기 만들려면 마늘을 사 와야겠네요.
학　생(S) : 그래서 동생에게 사 오게 했어요.

1. T : 이사하려면 하숙집을 구해야겠네요.
   S : ....

2. T : 파티하려면 음식을 준비해야겠네요.
   S : ....

3. T : 손님들 초대하려면 집을 청소해야겠네요.
   S : ....

4. T : 여행 가려면 비행기 표를 예약해야겠네요.
   S : ....

연습 20.4

[보기] 선생님(T) : 왜 학교에 안 가?
학　생(S) : (일요일) 일요일이잖아.

1. T : 왜 선물을 샀어?
   S : (어머니 생신) ....

2. T : 왜 교실에 아무도 없어?
   S : (방학) ....

3. T : 왜 그렇게 옷을 많이 입어?
   S : (춥다) ....

4. T : 왜 이렇게 백화점에 사람이 많아?
   S : (세일을 하다) ....

대화 연습

▶ **친구와 함께 대화를 만들어 보세요.**

V-게 하다

1. 가 : 이 약을 언제 먹여야 돼요?
   나 : 열이 심하니까 하루에 세 번 식후 30분마다 ………………… 하세요.

2. 가 : 선생님께서 발음 연습을 어떻게 시켜요?
   나 : 책을 큰 소리로 ……………………………………….

3. 가 : 가방이 너무 무거워요.
   나 : 남자 친구에게 ……………………………………….

4. 가 : 과일이 필요하지 않을까요?
   나 : 걱정하지 마세요. 제가 동생에게 ……………………………………….

5. 가 : 콘서트에 같이 안 갈래요?
   나 : 나도 꼭 가고 싶은데 어머니가 ……………………………………….

A/V-았/었어야 하는데[했는데]

1. 가 : 어제 왜 안 왔어요? 한참 기다렸는데…….
   나 : 죄송해요. 미리 연락을 ……………………………………….

2. 가 : 영화 표가 다 팔렸대요.
   나 : 미리 ……………………………………….

3. 가 : 비빔밥이 너무 매워요.
   나 : 고추장을 ……………………………………….

4. 가 : 내일 다른 약속이 있다는 걸 왜 미리 알려 주지 않았어요?
   나 : ……………………………………….

V-던 N

1. 가 : 이 커피 누구 거예요?

   나 : 제가 ______________ 커피예요.

2. 가 : 뭘 찾고 있어요?

   나 : 내가 ______________ 잡지가 없어졌어요.

3. 가 : 이거 새 옷이에요?

   나 : 아니에요. ______________________________.

4. 가 : 어렸을 때 사진이네요. 여기가 어디예요?

   나 : 내가 어렸을 때 ______________________________.

5. 가 : 집 옆에 바로 초등학교가 있네요.

   나 : 네. 제가 ______________________________.

A/V-잖아요

1. 가 : 왜 버스를 안 타고 지하철을 타요?

   나 : 지하철이 ______________________________.

2. 가 : 오늘 이 길이 왜 이렇게 막히지요?

   나 : ______________________________.

3. 가 : 왜 매일 학생 식당에서 점심을 먹어요?

   나 : ______________________________.

4. 가 : 벌써 숙제를 다 했어요?

   나 : 보세요. ______________________________.

5. 가 : 친구들이 벌써 다 왔어요?

   나 : 그럼요. 보세요. ______________________________.

21과 알아맞혀 보세요

CD3 _ track 4 문형 연습

연습 21.1

[보기] 선생님(T) : 노래를 누가 잘하는지 아세요?
학　생(S) : (민수 씨) 민수 씨가 잘할걸요.

1. T : 사무실이 몇 호인지 아세요?
   S : (101호) ....
2. T : 수미 씨가 뭘 타고 오는지 아세요?
   S : (택시) ....
3. T : 김 선생님이 어디 계시는지 아세요?
   S : (교실) ....
4. T : 여행 가는 데 얼마쯤 드는지 아세요?
   S : (30만 원) ....

연습 21.2

[보기] 선생님(T) : 한국어 공부가 그렇게 재미있어요?
학　생(S) : (하다) 네, 하면 할수록 재미있어요.

1. T : 재즈가 그렇게 좋아요?
   S : (듣다) ....
2. T : 태권도가 그렇게 재미있어요?
   S : (배우다) ....
3. T : 그 사람이 그렇게 마음에 들어요?
   S : (만나다) ....
4. T : 한국 드라마가 그렇게 재미있어요?
   S : (보다) ....

연습 21.3

[보기] 선생님(T) : 그 드라마 봐요?
학　생(S) : (재미없다) 네. 보기는 보지만 재미없어요.

1. T : 그 회사 다녀요?
   S : (힘들다) ....

2. T : 그 일해요?
   S : (재미없다) ....

3. T : 그 음식 먹어요?
   S : (안 좋아하다) ....

4. T : 그 사람 만나요?
   S : (마음에 안 들다) ....

연습 21.4

[보기] 선생님(T) : 하루에 한 과 공부하나요?
학　생(S) : 네, 한 과씩 공부해요.

1. T : 침대가 한 방에 두 개 있나요?
   S : ....

2. T : 이 약은 한 번에 두 알 먹으면 되나요?
   S : ....

3. T : 종이를 한 사람에게 열 장 주면 되나요?
   S : ....

4. T : 운동은 하루에 한 시간 하면 좋은가요?
   S : ....

대화 연습

▶ **친구와 함께 대화를 만들어 보세요.**

A/V-(으)ㄹ걸요 / A/V-았/었을걸요

1. 가 : 이 책 읽기 쉬워요?
   나 : 글쎄요, 외국 사람이 읽기는 ....

2. 가 : 박 선생님은 지금 어디 계실까요?
   나 : 아마 ....

3. 가 : 주말에 영화를 보려고 하는데 예매 안 해도 괜찮을까요?
   나 : ....

4. 가 : 빵을 10개밖에 안 샀는데 모자라지 않을까요?
   나 : ....

5. 가 : 토마스 씨가 도착했을까요?
   나 : 떠난 지 2시간쯤 됐으니까 아마 벌써 ....

6. 가 : 준석 씨가 고향에서 올라왔어요?
   나 : 추석 다음 날 온다고 했으니까 ....

7. 가 : 마이클 씨가 제 선물을 받고 좋아했을까요?
   나 : ....

A/V-(으)면 A/V-(으)ㄹ수록

1. 가 : 그 사람을 만나 보니까 어때요?
   나 : .... 재미있는 사람인 것 같아요.

2. 가 : 미유키 씨도 이 음악을 자주 들으세요?
   나 : 네. 이 음악은 .... 좋아요.

3. 가 : 한국어 공부해 보니까 어떠세요?

나 : ____________________.

4. 가 : 김치가 그렇게 맛있어요?

나 : ____________________.

5. 가 : 컴퓨터 게임이 그렇게 재미있어요?

나 : ____________________.

A/V-기는 하지만[하겠지만, 했지만]

1. 가 : 텔레비전 드라마를 자주 보세요?

나 : ____________________ 잘 못 알아들어요.

2. 가 : 미영 씨에게 연락해 볼래요?

나 : ____________________ 아마 집에 없을걸요.

3. 가 : 작년에도 이렇게 추웠어요?

나 : ____________________ 올해보다는 덜 추웠어요.

4. 가 : 하숙집이 멀어서 불편하겠어요.

나 : ____________________.

5. 가 : 이번 학기에 한국 역사 강의를 들어요?

나 : ____________________.

6. 가 : 한국 신문을 읽을 수 있어요?

나 : ____________________.

7. 가 : 게이코 씨랑 친해요?

나 : ____________________.

복습 5

어휘와 문법

I 다음에서 알맞은 단어를 골라서 문장에 맞게 쓰세요. (1-17)

거짓말	기억	소문	연휴	이유	굶다	나다	남기다	낳다
내다	넘다	돌아가다	맞히다	서다	어기다	열리다		
예상하다	퇴원하다	풀다	가만히	마침	텅	혹시	끼리	

1. 선생님께서 시험 문제를 어렵게 (　　　)서 학생들이 문제를 (　　　) 데 시간이 많이 걸렸다.
2. 정 선생님이 아주 젊어 보이지요? 나이가 어떻게 되는지 (　　　) 보세요.
3. 작년에 결혼한 친구가 얼마 전에 예쁜 딸을 (　　　)다는 소식을 들었다.
4. 내 친구가 화가 많이 (　　　)어요. 내가 약속을 (　　　)거든요. 그래서 내가 맛있는 것 사 줄 테니까 화를 (　　　)고 했어요.
5. 방학 때 어떻게 지냈는지 한 사람씩 (　　　) 얘기해 볼까요?
6. 시간이 너무 늦었어요. 벌써 10시가 (　　　)요. 빨리 집에 갑시다.
7. 다음 달에 부산에서 (　　　) 국제 영화제에 구경 가기로 했다. 친한 친구들(　　　) 갈 예정이다.
8. 실례합니다. (　　　) 철수 씨 동생 아닙니까?
9. 늦어서 택시를 타려고 했는데 (　　　) 빈 택시가 와서 빨리 타고 왔어요.
10. 여러분, 줄을 (　　　) 차례대로 버스에 타세요.
11. 음식을 (　　　) 마세요. 먹을 게 없어서 (　　　) 아이들도 많대요.
12. 그 (　　　) 들었어요? 김 선생님께서 다음 주에 결혼하신대요.
13. 이번 (　　　)에 뭐 할까? 사흘이나 쉬는데 여행이라도 갈까?

14. 손님들이 많이 와서 음식이 모자라겠어요. 손님이 이렇게 많이 오실 줄 (   )지 못했어요.

15. 그 친구를 생각하면 어렸을 때 같이 자전거 타며 놀던 (   )이 나요.

16. 움직이지 말고 (   ) 계세요. 계속 움직이니까 사진을 찍을 수가 없어요.

17. 오늘 (   ). 입원한 지 벌써 두 달이 넘었는데 오늘 마침내 집에 돌아갈 수 있게 되었어요.

II ( ) 안의 문형을 써서 대화를 완성하세요. (18-29)

18. 가 : 요즘에도 주말에 낚시하세요?
나 : ....
(V-(으)ㄹ 생각도 못 하다)

19. 가 : 왜 집을 옮기려고 하세요?
나 : ....
(하도 A/V-아/어서)

20. 가 : 다음 학기에도 등록할 거예요?
나 : ....
(V-(으)ㄹ까 말까 하다)

21. 가 : 우체국 문이 벌써 닫혔네요.
나 : ....
(V-(으)ㄹ 걸 그랬다)

22. 가 : 한국에 와서 산에 가 본 적이 있어요?
나 : ....
(A/V-았/었을 때)

23. 가 : 미국에 있는 동생한테서 연락이 왔어요?
나 : 아니요. ____________________.
(N이/가 넘도록[되도록])

24. 가 : 아이가 배가 고프대요. 아직 식사 준비가 안 됐는데 어떡하지요?
나 : 우선 이 우유를 ____________________.
(V-게 하다)

25. 가 : 이거 누구 책이에요?
나 : 아, 그거요? ____________________.
(V-던 N)

26. 가 : 오늘 수업 후에 축구나 할까요?
나 : 오늘은 하지 맙시다. ____________________.
(A/V-잖아요)

27. 가 : 어머니께서 지금 뭘 하고 계실까요?
나 : ____________________.
(A/V-(으)ㄹ걸요)

28. 가 : 그 사람을 만나 보니까 어때요?
나 : 처음엔 그저 그랬는데 ____________________.
(A/V-(으)면 A/V-(으)ㄹ수록)

29. 가 : 내가 빌려 준 책 다 읽었어요?
나 : 네. ____________________.
(A/V-기는 A/V-지만)

CD3 _ track 5

듣 기

I 다음을 잘 듣고 내용이 같은 것을 고르세요. (1-3)

1. ① 빵을 안 사 왔다.
   ② 집에 빵이 있었다.
   ③ 빵을 사 가지고 왔다.

2. ① 시험을 못 봐서 장학금을 못 받았다.
   ② 공부를 못 해서 시험 문제를 많이 틀렸다.
   ③ 시험을 못 봐서 장학금을 못 받을 것 같다.

3. ① 아직도 그 하숙집에 살고 있다.
   ② 지금은 그 하숙집에 살고 있지 않다.
   ③ 내가 살고 있는 집은 조용하고 깨끗하다.

II 다음을 잘 듣고 어울리는 대답을 고르세요. (4-6)

4. ① 네, 맞아요.
   ② 글쎄요, 잘 모르겠는데요.
   ③ 김선미 씨인 줄 몰랐어요.

5. ① 갈까 말까 해요.
   ② 오늘은 좀 늦을걸요.
   ③ 꼭 갔어야 하는데 사정이 있었어요.

6. ① 남자 친구가 바빴어요.
   ② 지난주에 친구가 화를 내던 생각이 나요.
   ③ 나를 자꾸 화나게 하니까 어쩔 수 없잖아요.

Ⅲ 다음 대화를 잘 듣고 질문에 맞는 답을 고르세요. (7-8)

7. ①  ②  ③ 

8. ① 지난주에도 일이 많았다.
   ② 두 사람은 일이 많아서 힘들다.
   ③ 토요일까지는 틀림없이 일을 끝낼 수 있다.

Ⅳ 다음을 잘 듣고 질문에 맞는 답을 고르세요. (9-10)

9. ① 

②  ③ 

10. ① 하숙비가 비싸기 때문이다.
    ② 하숙집이 시끄럽기 때문이다.
    ③ 하숙집에서 학교까지 멀기 때문이다.

Ⅴ 다음을 잘 듣고 질문에 답하세요. (11-12)

11. (   )

12. ① 낮에는 동생이 아버지를 돌본다.
    ② 아버지는 그저께 병원에 입원했다.
    ③ 나는 어제 친구와 같이 미술관에 갔다.

말하기

▶ **친구와 이야기해 보세요.**

1. 애니와 토미는 옆집에 삽니다. 애니는 지금 자야 하는데 토미는 파티를 하고 있습니다. 한 사람은 애니가 되고, 다른 한 사람은 토미가 되어서 대화를 만들어 보세요.

애니

내일 아주 중요한 시험이 있다. 그런데 옆집에서 파티를 하는 모양이다. 너무 시끄러워서 잠을 잘 수가 없다.

12시가 넘도록 파티를 하고 있다. 빨리 자야 내일 시험을 볼 때 졸지 않고 시험을 잘 볼 수 있을 텐데 정말 화가 난다. 조용히 해 달라고 전화했지만 계속 시끄럽다. 찾아가서 말해야겠다.

토미

내일 같이 공부하던 친구가 고향으로 돌아간다. 1년이 넘도록 같이 공부했는데 헤어진다고 생각하니까 너무 슬프다. 그래서 우리 반 친구들과 같이 파티를 하고 있다.

그런데 옆집에서 시끄럽다고 전화가 왔다. 매일 이런 일이 있는 것도 아닌데 왜 그러는지 모르겠다.

2. 친구가 여러분 때문에 화를 낸 적이 있습니까? 어떻게 화를 풀게 했는지 이야기해 보세요.

읽 기

Ⅰ 다음 문장과 뜻이 비슷한 것은 어느 것입니까? (1-3)

1. 한국은 집값이 너무 비싸서 집을 살 생각도 못하겠어요.

① 집값이 비싸서 집을 살까 해요.
② 집값이 비싸도 집을 살 생각이에요.
③ 집값이 하도 비싸서 집을 사기가 어려워요.

2. 시험이 이렇게 어려울 줄 알았으면 미리 공부할 걸 그랬어요.

① 시험공부를 미리 해 두었어요.
② 시험이 어려울 줄 미리 알았어요.
③ 시험공부를 미리 해 두었어야 했는데…….

3. 어제는 우리 반 친구들끼리 밤 12시가 넘도록 술을 마셨어요.

① 어젯밤에 친구들과 12시까지 술을 마셨어요.
② 어제는 밤 12시가 될 때까지 술을 마셨어요.
③ 어제는 밤 12시가 지나도록 반 친구들과 술을 마셨어요.

II 다음을 읽고 맞는 내용을 고르세요. (4-5)

4.

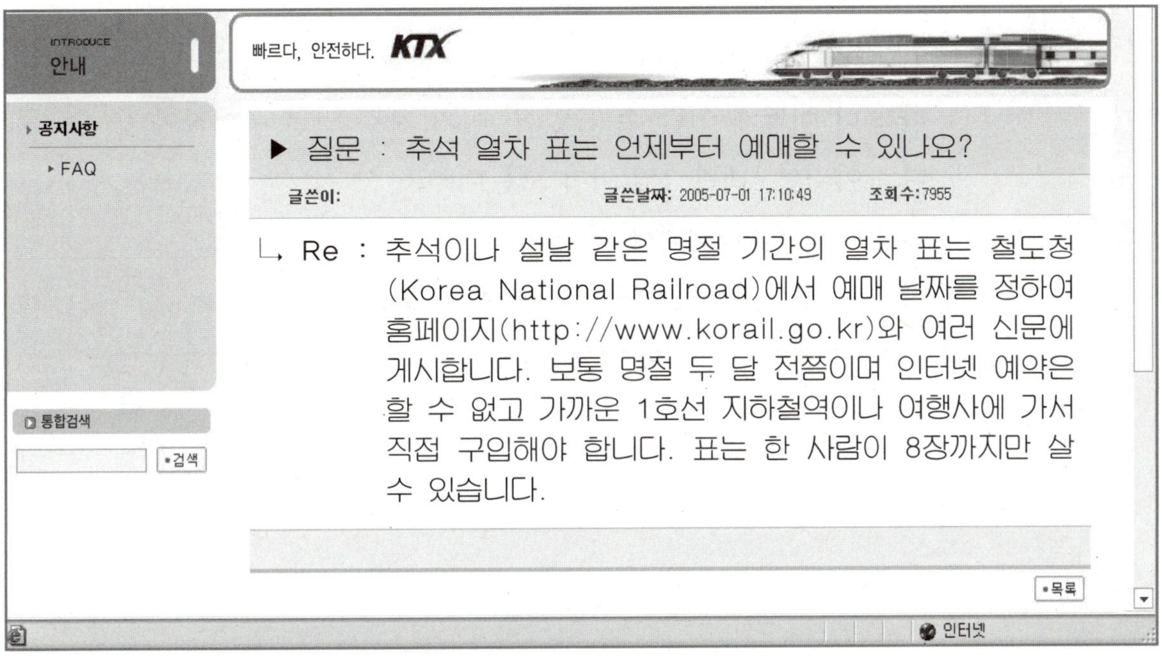
INTRODUCE 안내

공지사항

FAQ

통합검색 검색

빠르다, 안전하다. KTX

▶ 질문 : 추석 열차 표는 언제부터 예매할 수 있나요?

글쓴이: 글쓴날짜: 2005-07-01 17:10:49 조회수: 7955

└, Re : 추석이나 설날 같은 명절 기간의 열차 표는 철도청(Korea National Railroad)에서 예매 날짜를 정하여 홈페이지(http://www.korail.go.kr)와 여러 신문에 게시합니다. 보통 명절 두 달 전쯤이며 인터넷 예약은 할 수 없고 가까운 1호선 지하철역이나 여행사에 가서 직접 구입해야 합니다. 표는 한 사람이 8장까지만 살 수 있습니다.

목록

인터넷

① 설날과 추석은 예매하는 방법이 다르다.
② 열차 표는 어떤 지하철역에서나 살 수 있다.
③ 예매를 시작하는 날짜는 보통 명절 두 달 전이다.

5.

6월 7일 월요일 날씨 ☼

내가 대학교 때 만나던 남자가 결혼했다는 소식을 들었다. 그 남자와 결혼했어야 했는데…….
생각하면 생각할수록 마음이 아프다. 오늘 밤에 잠을 자기는 틀린 것 같다.

① 대학교 때 결혼하고 싶었다.
② 마음이 아파서 잠이 잘 안 올 것 같다.
③ 대학교 때 만나던 남자를 생각하기 싫다.

III 다음 대화를 순서에 맞게 만드세요. (6)

6.

가 : 아, 미안, 미안해.
나 : 너 어떻게 이럴 수가 있어. 이거 자주 입던 옷이잖아.
다 : 아니야. 내가 참았어야 했는데…….
라 : 어제 화나게 해서 미안해.
마 : 그런데 그 옷은 새로 산 거야? 예쁘다.

(라) – (　　) – (　　) – (　　) – (　　)

IV 다음 글을 읽고 답하세요. (7)

친절한 사람은 이웃에게 관심을 가지는 사람이다. 이웃에게 관심을 가지면 그들의 어려움을 이해하게 되고 이해하는 마음에서 친절한 말과 행동이 나온다. ______________________ 사회가 밝아진다. 내가 먼저 이웃에게 친절하게 하고 이웃의 친절에 감사하는 마음을 가지면 우리 사회는 더욱 밝아질 것이다.

7. ____________에 들어갈 수 없는 말은?

① 친절한 사람이 많아야
② 친절한 사람이 많을수록
③ 친절한 사람이 하도 많아서

Ⅴ 다음을 읽고 대답하세요. (8-10)

처음에 한국에 왔을 때는 한국 사람들의 인사를 이해할 수 없었다. 하숙집 아주머니는 항상 나에게 **어디 가느냐**고 물으셨고 또 한국 친구들은 오랜만에 길에서 만나면 언제 밥 한번 먹자고 말하고 약속 시간도 정하지 않고 가 버렸다.

하도 이상해서 한국어 선생님에게 한국 사람들은 이상하다고 말하니까 웃으시며 미국과 다른 점을 설명해 주셨다. 하숙집 아주머니가 어디 가느냐고 물으시는 것은 어디 가는지가 궁금해서 묻는 것이 아니고 잘 다녀오라는 인사라고 하셨다. 또 친구들이 밥 한번 먹자고 하는 것도 마찬가지라고 하셨다. 오랜만에 만나서 반갑고 시간 있으면 나중에 밥이라도 한번 같이 먹고 싶다는 뜻으로 하는 인사라고 말씀해 주셨다.

그러면 **그렇게 말하면 될 텐데** 왜 '언제 밥 한번 먹자' 라고 하는 걸까? 지금도 이해할 수는 없지만 이제는 그런 일이 있을 때 수첩을 꺼내서 약속 시간을 정하지 않아도 되고 어디 가는지 말하지 않아도 된다는 것을 알게 되었다. 한국은 우리나라와 인사하는 법이 참 다른 것 같다.

8. 아주머니가 '어디 가느냐' 고 하는 것은 무슨 뜻입니까?
   ① 잘 다녀오기를 바란다.
   ② 가는 곳을 이야기하고 가야 한다.
   ③ 지금 가는 곳이 어디인지 알고 싶다.

9. 밑줄 친 '그렇게 말하면 될 텐데' 는 어떻게 말하면 좋겠다는 뜻입니까?
   (　　　　　　　　　　　　　　　　　　　　　　　　　　)

10. 이 글을 읽고 알 수 있는 것은 무엇입니까?
   ① 한국 사람들은 약속을 정하는 것을 좋아한다.
   ② 한국 사람들은 약속을 정하고 지키지는 않는다.
   ③ 한국 사람들이 인사로 하는 말은 이해하기 어렵다.

쓰 기

① 여러분 나라에 추석과 비슷한 명절이 있습니까? 메모해 보세요.

명절 이름 :

- 그날 입는 옷 :
- 그날 먹는 음식 :
- 그날 하는 일 :

11 여러분 나라의 명절에 대해 써 보세요.

22과 사진관에서 찍는 게 나을 것 같아요

CD3 _ track 6 문형 연습

연습 22.1

[보기] 선생님(T) : 배가 고프네.
학 생(S) : (뭐 좀 먹다) 그럼 뭐 좀 먹자.

1. T : 요즘 좀 심심해.
   S : (어디 여행 가다) ....
2. T : 길을 잘 모르겠는데.
   S : (누구한테 좀 물어보다) ....
3. T : 사과가 정말 맛있어 보이네.
   S : (몇 개 사다) ....
4. T : 설악산에 꼭 한번 가고 싶어.
   S : (언제 한번 가다) ....

연습 22.2

[보기] 선생님(T) : 어서 와. 곧 수업 시작해.
학 생(S) : (늦다) 휴, 늦을 뻔했다.

1. T : 조심해. 차가 오잖아.
   S : (사고 나다) ....
2. T : 이것 좀 봐. 불이 너무 세잖아.
   S : (고기를 태우다) ....
3. T : 책 가지고 가. 숙제해야 되잖아.
   S : (잊어버리다) ....
4. T : 앉지 마. 의자에 깨진 병이 있잖아.
   S : (다치다) ....

연습 22.3

[보기] 선생님(T) : 졸려요.
학　생(S) : (좀 쉬다) 좀 쉬지 그래요?

1. T : 자꾸 살이 쪄요.
   S : (운동을 하다) ....

2. T : 감기가 낫지 않아요.
   S : (병원에 가 보다) ....

3. T : 이 문제를 못 풀겠어요.
   S : (선생님께 여쭤 보다) ....

4. T : 이 책을 서점에서 안 팔아요.
   S : (도서관에서 찾아보다) ....

연습 22.4

[보기] 선생님(T) : 비가 오면 오늘은 나가지 마세요.
학　생(S) : 그래도 나가야 해요.

1. T : 바쁘면 오늘은 가지 마세요.
   S : ....

2. T : 시간 없으면 오늘은 참석하지 마세요.
   S : ....

3. T : 친구가 왔으면 오늘은 일하지 마세요.
   S : ....

4. T : 숙제하기 싫으면 오늘은 하지 마세요.
   S : ....

대화 연습

▶ **친구와 함께 대화를 만들어 보세요.**

N은/는 왜요? / 몇 N[누구, 어디, 무엇] / V-지 그래요? / 그래도

1. 가 : 사진관에 같이 갈래요?
   나 : ______________________?
   가 : 사진을 ________ 찍으려고요.
   나 : 사진은 ______________________?
   가 : 입학 원서에 붙이려고요.
   나 : 즉석 사진이 빠른데 즉석 사진을 ______________?
   가 : ________ 사진관에서 찍고 싶어요. 사진관이 더 잘 나오잖아요.

2. 가 : 수업 후에 서점에 같이 갈래요?
   나 : ______________________?
   가 : 책을 ________ 사려고요.
   나 : 도서관에서 ______________________?
   가 : 도서관에서 빌릴 수도 있지만 ________ 사고 싶어요. 꼭 필요한 책이거든요.

3. 가 : 노래방에 같이 갈래요?
   나 : ______________________?
   가 : 한국 노래를 ________ 배워 보려고요.
   나 : 테이프 ______________________?
   가 : ________ 노래방에 한번 가 보고 싶어요.

4. 가 : 공중전화가 어디 있지요?
   나 : ______________________?
   가 : ________ 전화 좀 하려고요.
   나 : 휴대폰으로 ______________________?
   가 : 휴대폰을 집에 놓고 왔거든요.
   나 : 그럼 내 걸 쓰세요.

V-(으)ㄹ 뻔하다

1. 가 : 조심해요. 차가 오잖아요.
   나 : 차가 오는 줄 몰랐어요. ______________________.

2. 가 : 가방 가지고 내려야지요.
   나 : ______________________.

3. 가 : 빨리 오세요. 9시 1분 전이에요.
   나 : 어휴, ______________________.

4. 가 : 일어나세요. 이번 역에서 내려야 해요.
   나 : 벌써요? ______________________.

5. 가 : 조심하세요. 앞에 큰 돌이 있어요.
   나 : 고마워요. ______________________.

6. 가 : 빨리 타세요. 지금 기차 출발해요.
   나 : ______________________.

N이/가 (N-보다) 낫다 / V-는 게 (V-는 것보다) 낫다

1. 가 : 이번 여름 휴가는 어디로 갈까요? 산이 좋아요? 바다가 좋아요?
   나 : ______________________.

2. 가 : 보통 시간이 있으면 집에서 쉬세요? 아니면 밖에 나가세요?
   나 : ______________________.

3. 가 : 영화 보러 갈까요? 야구 구경 갈까요?
   나 : ______________________.

4. 가 : 책 읽는 것을 좋아해요? 아니면 텔레비전 보는 것을 좋아해요?
   나 : ______________________.

23과 텔레비전이 왜 이렇게 안 나오지요?

CD3 _ track 7 **문형 연습**

연습 23.1

[보기] 선생님(T) : 아직도 안 일어났어?
학 생(S) : (졸리다) 일어났다가 졸려서 다시 잤어.

1. T : 아직도 안 나갔어?
   S : (비가 오다) ……………………
2. T : 아직도 불을 안 껐어?
   S : (어둡다) ……………………
3. T : 아직도 모자를 안 벗었어?
   S : (춥다) ……………………
4. T : 아직도 창문을 안 닫았어?
   S : (덥다) ……………………

연습 23.2

[보기] 선생님(T) : 약을 먹어서 열이 내렸지요?
학 생(S) : 아뇨, 약을 먹었는데도 열이 안 내렸어요.

1. T : 난로를 켜서 따뜻해졌지요?
   S : ……………………
2. T : 텔레비전을 고쳐서 잘 나오지요?
   S : ……………………
3. T : 문제가 쉬워서 시험 잘 봤지요?
   S : ……………………
4. T : 김치가 매워서 잘 못 먹지요?
   S : ……………………

연습 23.3

[보기] 선생님(T) : 에어컨이 고장 났대요.
학　생(S) : (선풍기라도 틀다) 그럼 할 수 없네요. 선풍기라도 틀어야겠어요.

1. T : 비빔냉면은 안 된대요.
   S : (물냉면이라도 먹다) ....

2. T : 세탁기가 고장 났대요.
   S : (손으로라도 빨다) ....

3. T : 이메일 주소가 없대요.
   S : (팩스로라도 보내다) ....

4. T : 토니 씨는 바빠서 못 온대요.
   S : (우리끼리라도 가다) ....

연습 23.4

[보기] 선생님(T) : 왜 그렇게 열심히 공부해요?
학　생(S) : (대학원 가다) 대학원 가기 위해서요.

1. T : 왜 그렇게 돈을 안 써요?
   S : (여행 가다) ....

2. T : 왜 그렇게 선물을 많이 사요?
   S : (고향에 가져가다) ....

3. T : 왜 그렇게 뉴스를 열심히 들어요?
   S : (듣기 연습하다) ....

4. T : 왜 그렇게 아르바이트를 많이 해요?
   S : (등록금 벌다) ....

대화 연습

▶ **친구와 함께 대화를 만들어 보세요.**

V-다가 / V-았/었다가

1. 가 : 토니 씨, 다리를 왜 다쳤어요?
   나 : .... 넘어져서 다쳤어요.

2. 가 : 왜 벌써 일어나니?
   나 : 잠을 .... 무서운 꿈을 꾸었어요.

3. 가 : 숙제를 왜 다 못 했어요?
   나 : 숙제를 .... 친구가 와서 친구랑 놀았거든요.

4. 가 : 더우면 창문을 열지 그래요?
   나 : .... 밖이 시끄러워서 다시 닫았어요.

5. 가 : 새로 산 안경을 왜 안 쓰세요?
   나 : .... 잘 안 어울려서 다시 ....

6. 가 : 아직도 운동하러 안 나갔어요?
   나 : .... 비가 와서 다시 ....

7. 가 : 아직도 자고 있어요?
   나 : .... 졸려서 다시 ....

툭하면

1. 가 : 민수 씨가 오늘도 늦네요.
   나 : 네. 민수 씨는 ....

2. 가 : 그 애가 또 울어요?
   나 : 네. 그 애는 ....

A/V-(으)ㄴ/는데도 / A/V-았/었는데도 / N인데도

1. 가 : 시험 잘 봤지요?
   나 : 아뇨. ....

2. 가 : 돈을 많이 버니까 생활비가 모자라지 않지요?
   나 : 아뇨. ....

3. 가 : 옷을 많이 입어서 춥지 않지요?
   나 : 아뇨. ....

4. 가 : 날씨가 추우니까 사람들이 많이 안 왔지요?
   나 : 아뇨. ....

5. 가 : 쉬는 시간이니까 옆 반도 수업이 끝났겠지요?
   나 : 아뇨. ....

6. 가 : 요즘 방학이라서 도서관에 학생들이 별로 없을걸요.
   나 : 아니에요. ....

V-기 위해(서) / N을/를 위해(서)

1. 가 : 왜 한국어를 공부하십니까?
   나 : ....

2. 가 : 왜 돈을 모으고 계십니까?
   나 : ....

3. 가 : 운동을 열심히 하시는군요.
   나 : ....

24과 어디가 고장이라고 그랬지요?

CD3 _ track 8 　문형 연습

연습 24.1

[보기] 선생님(T) : "발표 시간은 5분이면 충분해요."
학　생(S) : 발표 시간은 오 분이면 충분하다고 그러셨어요.

1. T : "졸업한 지 오래됐어요."
   S : ……………………………………

2. T : "언제 한번 노래방에 갑시다."
   S : ……………………………………

3. T : "한국어 사전이 어디 있지요?"
   S : ……………………………………

4. T : "아무도 없을 때는 불을 끄세요."
   S : ……………………………………

연습 24.2

[보기] 선생님(T) : 음식 만들기를 좋아했어요. 요리사가 되었어요.
학　생(S) : 음식 만들기를 좋아하더니 요리사가 되었어요.

1. T : 취직했어요. 바빠졌어요.
   S : ……………………………………

2. T : 담배를 끊었어요. 건강해졌어요.
   S : ……………………………………

3. T : 매일 운동했어요. 살이 빠졌어요.
   S : ……………………………………

4. T : 비가 계속 왔어요. 홍수가 났어요.
   S : ……………………………………

연습 24.3

[보기] 선생님(T) : 많이 따뜻해졌지요?
학 생(S) : (지난주까지 추웠다) 네, 지난주까지 춥더니 따뜻해졌어요.

1. T : 아이가 이제 자요?
   S : (조금 전까지 울었다) ....

2. T : 밖이 조용해졌네요.
   S : (조금 전까지 시끄러웠다) ....

3. T : 지금은 사람이 없네요.
   S : (아까는 많았다) ....

4. T : 과일 값이 많이 내렸지요?
   S : (며칠 전까지 비쌌다) ....

연습 24.4

[보기] 선생님(T) : 공부를 안 해서 시험을 못 봤어.
학 생(S) : 그것 봐. 내가 공부하라고 그랬잖아.

1. T : 저금을 안 해서 돈이 없어.
   S : ....

2. T : 답장을 안 보내서 친구가 화났어.
   S : ....

3. T : 우산을 안 가져가서 비를 맞았어.
   S : ....

4. T : 운동화를 안 신고 가서 너무 힘들었어.
   S : ....

대화 연습

▶ **친구와 함께 대화를 만들어 보세요.**

A/V-더니

1. 가 : 밖이 지금도 추워요?
   나 : 아침에는 .... 오후가 되면서 많이 따뜻해졌어요.

2. 가 : 백화점에 지금도 사람이 많아요?
   나 : .... 지금은 사람이 별로 없어요.

3. 가 : 요즘도 야채 값이 비싸요?
   나 : .... 요즘은 많이 내렸어요.

4. 가 : 아기가 지금도 울어요?
   나 : .... 지금은 자고 있어요.

5. 가 : 영희 씨가 아주 날씬해졌어요.
   나 : .... 요즘은 날씬해졌어요.

6. 가 : 철수 씨가 차를 샀어요?
   나 : 네, ... 차를 샀어요.

7. 가 : 폴 씨가 축구 선수가 되었네요.
   나 : .... 축구 선수가 되었어요.

8. 가 : 할아버지가 건강해지셨네요.
   나 : 네, ... 아주 건강해지셨어요.

V-다고[느냐고, (으)라고, 자고] 그랬다

1. 가 : 명수 씨는 언제 온대요?
   나 : 4시에 ....

2. 가 : 생일이 언제라고 그랬죠?
   나 : 7월 26일 ....

3. 가 : 선미 씨가 오후에 뭐 하자고 했어요?

나 : 노래 연습을 ______________________.

4. 가 : 동생한테 뭐라고 했어요?

나 : 청소 좀 ______________________.

5. 가 : 할머니께 뭐라고 했어요?

나 : 몸이 좀 어떠시 ______________________.

그것 보세요

1. 가 : 영수가 왜 이렇게 안 오지? 아, 저기 온다!

나 : ______________. 꼭 올 거라고 했잖아요.

2. 가 : 아침을 안 먹어서 배고프다!

나 : ______________. 아까 내가 먹으라고 그랬잖아.

3. 가 : 어제 술을 너무 많이 마셔서 오늘 학교도 못 갔어.

나 : ______________________________라고 그랬잖아.

N 같은 N

1. 가 : 어떤 영화를 좋아하세요?

나 : ______________________ 영화가 좋아요.

2. 가 : 어떤 선생님이 좋아요?

나 : ______________________________________.

3. 가 : 어떤 남자와 결혼하고 싶어요?

나 : ______________________________________.

25과 청첩장을 받았어요

CD3 _ track 9 **문형 연습**

연습 25.1

[보기] 선생님(T) : 무슨 영화를 봤어요?
학 생(S) : (집으로) '집으로' 라는 영화를 봤어요.

1. T : 무슨 떡을 먹었어요?
   S : (송편) ……………………

2. T : 무슨 책을 읽었어요?
   S : (소나기) ……………………

3. T : 무슨 게임을 했어요?
   S : (윷놀이) ……………………

4. T : 무슨 노래를 불렀어요?
   S : (사랑) ……………………

연습 25.2

[보기] 선생님(T) : 무슨 주스 마실 거예요?
학 생(S) : (어제 마셨다) 어제 마셨던 주스요.

1. T : 무슨 노래를 할 거예요?
   S : (어제 했다) ……………………

2. T : 무슨 옷을 입을 거예요?
   S : (어제 입었다) ……………………

3. T : 무슨 음식을 만들 거예요?
   S : (어제 만들었다) ……………………

4. T : 누구를 만날 거예요?
   S : (어제 만났다) ……………………

연습 25.3

[보기] 선생님(T) : 언제부터 한국어를 공부했어요?
학　생(S) : (1년 동안) 일 년 동안 공부해 왔어요.

1. T : 언제부터 일기를 썼어요?
   S : (10년 전부터) ……………………………………

2. T : 언제부터 연극을 연습했어요?
   S : (한 달 동안) ……………………………………

3. T : 언제부터 그 사람을 만났어요?
   S : (1년 전부터) ……………………………………

4. T : 언제부터 이 컴퓨터를 사용했어요?
   S : (2년 동안) ……………………………………

연습 25.4

[보기] 선생님(T) : 청소 다 끝났어요?
학　생(S) : 거의 다 끝나 가요.

1. T : 편지 다 썼어요?
   S : ……………………………………

2. T : 밥 다 먹었어요?
   S : ……………………………………

3. T : 준비 다 됐어요?
   S : ……………………………………

4. T : 숙제 다 했어요?
   S : ……………………………………

대화 연습

▶ **친구와 함께 대화를 만들어 보세요.**

V-았/었던 N

1. 가 : 이 책 재미있어요?
   나 : 네. 내가 어렸을 때 아주 재미있게 .... 책이에요.
2. 가 : 오늘 점심에 뭘 먹을까요?
   나 : 어제 점심에 .... 음식이 뭐였지요? 그게 맛있었는데.
3. 가 : 설악산을 아세요?
   나 : 네. 작년에 친구들과 같이 ....
4. 가 : 저 사람을 잘 아세요?
   나 : 네. 지난번에 같이 ....
5. 가 : 기분이 좋아 보이네요.
   나 : .... 지갑을 찾았거든요.
6. 가 : 민수 씨가 누구예요?
   나 : 아까 우리가 전철에서 .... 사람이 바로 민수 씨예요.

N(이)라는 N

1. 가 : 요즘 사람들이 무슨 영화를 많이 봐요?
   나 : ....
2. 가 : 고향에서 사람들이 자주 먹는 특별한 음식 이름이 무엇입니까?
   나 : ....
3. 가 : 어떤 가수의 무슨 노래를 좋아하세요?
   나 : ....

V-아/어 오다[가다]

1. 가 : 언제부터 태권도를 배웠어요?
   나 : 1년 전부터 계속 ______________.

2. 가 : 그 사람과는 언제부터 사귀었어요?
   나 : 대학교 1학년 때부터 지금까지 ______________.

3. 가 : 언제부터 한국어를 공부했어요?
   나 : ______________.

4. 가 : 결혼하는 두 사람 모습이 보기 좋지요?
   나 : 네. 앞으로 두 사람이 행복하게 ______________(으)면 좋겠어요.

다 V-아/어 가다

1. 가 : 숙제 다 했어요?
   나 : ______________.

2. 가 : 밥 다 먹었어요?
   나 : ______________.

3. 가 : 시험 문제 다 풀었어요?
   나 : ______________.

4. 가 : 나갈 준비 다 됐어요?
   나 : ______________.

복습 6

어휘와 문법

1 다음에서 알맞은 단어를 골라서 문장에 맞게 쓰세요. (1-16)

동창	몇	사실	선	어디	언제	연애	중매	청첩장	고장 나다
고치다	나다	나오다	낫다	데다	사귀다	손을 보다			
켜다	틀다	편찮다	그래도	드디어	무척	툭하면			

1. 사진이 잘 (　　　　)고 안 (　　　　)는 것은 날씨에 달려 있다.
2. 준석 씨가 요즘 여자 친구를 (　　　　)대요. (　　　　)하느라 바빠서 친구들 모임에 안 나와요.
3. 요즘 유행하는 노래를 배우고 싶어요. 우리 (　　　　) 같이 노래방에 갈까요?
4. 그 사람과 (　　　　) 번 전화 통화는 했지만 만난 것은 오늘이 처음이에요.
5. 감기가 더 심해져서 속상하다. 어제 밖에 나가지 않고 집에서 쉬는 게 더 (　　　　)을 텐데.
6. 여자 친구가 요즘 (　　　　) 헤어지자고 한다. 내가 싫어진 것일까? 아니면 다른 남자 친구가 생긴 것일까?
7. 새로 산 컴퓨터가 벌써 세 번이나 (　　　　). 이번에 (　　　　)고 나서 또 고장 나면 다른 것으로 바꿔 달라고 해야겠다.
8. 라면을 끓이다가 끓는 물에 손을 (　　　　)대요.
9. 할아버지가 건강하시더니 요즘 많이 (　　　　).
10. 방이 어둡네요. 불을 좀 (　　　　).
11. 형이 쓰던 차를 나한테 주었는데 (　　　　) 데가 너무 많다.
12. 오늘 미영이라는 중학교 (　　　　)한테서 (　　　　)을 받았다. (　　　　)로 만난 사람과 한 달 만에 결혼을 한다고 한다.

13. 민수 씨가 교통사고가 나서 많이 다쳤다고 하던데 그게 (   )인가요?

14. 경호 씨가 열심히 저금하더니 (   ) 새 집을 사서 이사 갔어요.

15. 공부 때문에 바빠서 친구 만날 시간도 없다. (   ) 일주일에 한 번씩 부모님께 전화하는 것은 잊지 않는다.

16. 어머니는 누나가 애인도 없으면서 (   )도 보지 않는다고 (   ) 속상해 하신다.

II ( ) 안의 문형을 써서 대화를 완성하세요. (17-28)

17. 가 : 이가 아파서 음식을 잘 못 먹겠어요.
    나 : ....?
    (V-지 그래요?)

18. 가 : 조심하세요. 컵 떨어져요.
    나 : 휴, 고마워요. ....
    (V-(으)ㄹ 뻔하다)

19. 가 : 음악회 갈까요? 영화를 볼까요?
    나 : ....
    (V-는 게 V-는 것보다 낫다)

20. 가 : 컴퓨터 화면이 갑자기 움직이지 않는데요.
    나 : 그럼 컴퓨터를 ....
    (V-았/었다가)

21. 가 : 수미 씨 결혼식에 참석 못 할 것 같아요.
    나 : .... 나중에 시간 있을 때 한번 만나요.
    (할 수 없다)

22. 가 : 선풍기를 켜서 시원하지요?

나 : ....

(A/V-(으)ㄴ/는데도)

23. 가 : 왜 그렇게 열심히 공부하세요?

나 : ....

(V-기 위해서)

24. 가 : 그 회의가 몇 시에 시작한다고 했지요?

나 : ....

(V-다고 그랬다)

25. 가 : 아직도 밖에 눈이 와요?

나 : 아까는 ....

(A/V-더니)

26. 가 : '8월의 크리스마스' 라는 영화를 보여 준대요.

나 : '8월의 크리스마스' 요? ....

(V-았/었던 N)

27. 가 : 요즘 어떤 영화가 재미있대요?

나 : ....

(N(이)라는 N)

28. 가 : 언제부터 그 회사에서 일했지요?

나 : ....

(V-아/어 오다[가다])

CD3 _ track 10

듣 기

I 다음을 잘 듣고 내용이 같은 것을 고르세요. (1-3)

1. ① 손을 봤는데도 안 나오니 할 수 없다.
   ② 새것으로 사는 것보다 고쳐서 보는 것이 낫다.
   ③ 조금만 보면 되는데 새것을 사는 것은 안 된다.

2. ① 그 사람과 안 만난 지 오래되었다.
   ② 그 사람과 앞으로 안 만날 생각이다.
   ③ 그 사람과 싸워서 헤어졌는데 요즘 다시 만난다.

3. ① 이제 식사 준비가 다 끝났다.
   ② 조금 있으면 식사를 할 수 있다.
   ③ 식사 준비를 다 하려면 시간이 많이 필요하다.

II 다음을 잘 듣고 어울리는 대답을 고르세요. (4-6)

4. ① 아니요, 아직 안 먹었어요.
   ② 아까 뭘 좀 먹어서 괜찮아요.
   ③ 저도 점심을 벌써 먹었거든요.

5. ① 영어로 말했어요.
   ② 빨리 가라고 하던데요.
   ③ 수리 센터 전화번호가 몇 번이냐고 했잖아요.

6. ① 그건 그런데 시간이 없어서요.
   ② 그래도 사진관에서 찍어야지요.
   ③ 그것 보세요. 즉석 사진이 낫다고 했잖아요.

III 다음 대화를 잘 듣고 질문에 맞는 답을 고르세요. (7-8)

7. ①  ②  ③ 

8. ① 야구를 보고 싶어서
   ② 채널을 찾기가 어려워서
   ③ 남자 친구가 야구만 봐서

IV 다음을 잘 듣고 질문에 맞는 답을 고르세요. (9-10)

9. ① 다른 친구 ② 수리 센터 아저씨 ③ 컴퓨터 회사 사람

10. ① 컴퓨터가 자주 고장이 나서 속상하다.
    ② 숙제할 때 필요한 컴퓨터가 없어서 속상하다.
    ③ 컴퓨터를 사고 싶은데 돈이 없어서 속상하다.

V 다음을 잘 듣고 질문에 답하세요. (11-12)

11. (   )

12. ① 우리는 1년 후에 결혼하기로 했다.
    ② 이제 결혼 준비가 거의 다 끝나 간다.
    ③ 민수 씨를 처음 만났을 때부터 마음에 들었다.

말하기

▶ **친구와 이야기해 보세요.**

1. 사진에 대해서 이야기해 봅시다.

(1) 언제 사진을 찍습니까?

(2) 고향에 보내기 위해서 잘 나온 사진이 필요합니다. 사진이 잘 나오게 하려면 어떻게 해야 할까요? (날씨, 사진기 종류 등)

(3) 사진 찍기를 좋아하는 편입니까?

2. 친구에게 가장 아끼는 사진을 보여 주면서 이야기해 보세요.

I 다음 문장과 뜻이 비슷한 것은 어느 것입니까? (1-3)

1. 나는 대학에 가기 위해 한국어를 공부하고 있다.

① 나는 대학생인데 한국어를 공부하고 있다.
② 나는 한국어를 공부하려고 대학에 갈 생각이다.
③ 나는 대학교에 가려고 한국어를 공부하고 있다.

2. 그것 보세요. 제가 이번 시험이 어려울 거라고 했잖아요.

① 시험을 보라고 했잖아요.
② 내가 시험이 어려울 거라고 한 말이 맞지요?
③ 시험이 어려울 줄 알았으면 미리 공부해 둘 걸 그랬어요.

3. 잠깐만 기다려 주세요. 밥이 다 돼 가요.

① 밥을 다 했어요.
② 밥이 거의 다 됐어요.
③ 오랫동안 밥을 해 왔어요.

II 다음을 읽고 맞는 내용을 고르세요. (4-5)

4.

저희 〈현 포토〉가 1주년을 기념하여 증명사진 특별 할인 이벤트를 준비했습니다. 30분만 기다리면 바로 사진을 찾으실 수 있으며 20% 할인해 드립니다. 여러 장을 찍어 가장 잘 나온 사진으로 드리므로 사진이 잘 안 나오는 사람도 걱정 없습니다. 많이 이용해 주세요.

① 사진을 찾는 데 30분쯤 걸린다.
② 사진이 잘 안 나오면 돈을 안 받는다.
③ 여러 장의 사진을 찍으면 할인해 준다.

5.

〈휴대 전화 119 이용 안내〉

안녕하십니까? 휴대 전화 119입니다. 그동안 저희 휴대 전화 119 센터를 야간이나 휴일에는 이용할 수 없어 불편하다는 말을 많이 들어 왔습니다. 그래서 24시간 연중무휴로 바꾸고 고객님을 직접 찾아가는 방문 서비스도 시작할 예정입니다. 핸드폰이 고장 나거나 물어볼 것이 있으시면 언제든지 휴대 전화 119를 찾아 주시기 바랍니다.

① 휴대 전화 119는 휴대 전화를 파는 곳이다.
② 앞으로는 휴대 전화 수리를 밤에도 할 수 있다.
③ 휴대 전화가 고장 나면 돈을 받지 않고 고쳐 준다.

III 다음을 읽고 대답하세요. (6)

한국에서는 결혼할 때 보통 남자는 살 집을 구하고 여자는 가구, 그릇, 전자 제품 등의 살림을 준비한다. 또 여자는 남편이 될 사람의 부모님께 선물을 보낸다. 요즘은 결혼하고 싶지만 애인이 없는 사람들에게 어울리는 사람을 소개시켜 주는 결혼 정보 회사들도 많다.

6. 무엇에 대한 글입니까?
① 한국의 결혼 문화
② 결혼 정보 회사 소개
③ 결혼할 때 부모님께 드리는 선물

IV 다음 대화를 읽고 빈 곳에 들어갈 알맞은 말을 찾으세요. (7-8)

7.

: 어휴, 어떡하지? 숙제를 집에다 두고 왔어.

: 어머니께 이메일로 보내 달라고 하지 그래?

: 우리 어머니는 이메일을 보낼 줄 모르시거든.

: ....

: 혼자 가면 심심할 것 같은데 시간 있으면 같이 갔다 오자.

① 큰일 날 뻔했구나.
② 그럼 동생에게 가져다 달라고 하지 그래?
③ 그럼 너, 집에 갔다 와야겠다. 오늘까지 꼭 내라고 하셨잖아.

8.

: 오늘 한국 친구에게서 청첩장을 받았어요.

: 그래요? 한국에서 결혼식에 가 본 적이 있어요?

: 아직 없어요. 그런데 결혼식에는 어떤 옷을 입고 가면 좋을까요?

: ....

: 청바지는 입으면 안 되겠지요?

① 청바지를 입고 가는 게 좋겠어요.
② 어떤 색이든지 다 잘 어울리잖아요.
③ 어제 입었던 정장이 좋을 것 같은데요.

V 다음을 읽고 대답하세요. (9-10)

한국어를 배운 지 10개월이 넘었는데 아직도 잘 못해서 걱정이다. 특히 한국어 발음이 너무 어려워서 아무리 연습해도 한국 사람처럼 말할 수 없다. 어떻게 하면 한국어 발음을 잘할 수 있을까? 나는 한국 사람과 입 모양도 혀 길이도 다 비슷한데 왜 발음이 다를까? 요즘은 발음에 자신이 없어서 한국어로 말하기도 싫다.

한국에 온 지 3개월쯤 되었을 때 일이다. 닭고기가 먹고 싶어서 가게에 닭을 사러 갔다. 아저씨에게 닭을 한 개 달라고 하니까 아저씨가 닭은 하나씩 안 판다고 했다. 나는 한국은 닭을 여러 개씩 파는 줄 알고 그럼 두 개 달라고 했다. 아저씨는 두 개도 안 판다며 화를 냈다. 아저씨가 화를 내는 것이 이상해서 잘 생각해 보니 아저씨는 내가 말한 '닭'을 '딸기'로 들은 것 같았다. 내가 아무리 발음을 해도 아저씨가 알아듣지 못해서 할 수 없이 나는 다른 단어로 이야기해서 닭을 사 왔다.

"아저씨, 계란의 어머니 주세요."

지금 생각하면 너무 창피하다. 아, 나는 언제쯤 한국어 발음을 정확하게 할 수 있을까?

9. 이 사람이 요즘 한국어로 이야기하기 싫어하는 이유는 무엇입니까?
( )

10. 이 사람이 잘못 말한 것을 맞게 고쳐 보세요.
"딸기 한 개 주세요." → " .... "

▶ 다음은 '선녀와 나무꾼'이라는 옛날이야기의 그림입니다. 그림을 보면서 이야기를 만들어 써 보세요.

옛날 어느 마을에 한 나무꾼이 살았습니다. 그런데 서른 살이 넘도록 장가를 못 가서 걱정이었습니다.

26과 결혼하려면 아직 멀었어요!

CD4 _ track 1 문형 연습

연습 26.1

[보기] 선생님(T) : 곧 결혼하지요?
학　생(S) : 결혼하려면 아직 멀었어요.

1. T : 곧 취직하지요?
   S : ....

2. T : 곧 이사하지요?
   S : ....

3. T : 곧 졸업하지요?
   S : ....

4. T : 곧 수업이 끝나지요?
   S : ....

연습 26.2

[보기] 선생님(T) : 나는 첫 월급을 타서 기분이 좋아요.
학　생(S) : (아내) 아내도 좋아해요.

1. T : 나는 고양이가 무서워요.
   S : (동생) ....

2. T : 나는 날씨가 더워서 공부하기 힘들어요.
   S : (친구) ....

3. T : 나는 그 이야기를 듣고 무척 슬펐어요.
   S : (친구들) ....

4. T : 나는 오랜만에 친구를 만나서 기뻤어요.
   S : (그 친구) ....

연습 26.3

[보기] 선생님(T) : 이번 시험은 누가 제일 잘 봤을까?
학　생(S) : (수미가 제일 잘 보다) 내가 생각하기에 수미가 제일 잘 본 것 같아.

1. T : 민수와 마이클이 싸웠다지?
   S : (민수가 잘못하다) ....

2. T : 하숙을 할까, 자취를 할까?
   S : (하숙이 더 편하다) ....

3. T : 바바라 씨가 무슨 선물을 좋아할까?
   S : (꽃을 좋아하다) ....

4. T : 태권도를 배울까, 사물놀이를 배울까?
   S : (사물놀이가 더 재미있다) ....

연습 26.4

[보기] 선생님(T) : 토니 씨는 왜 이사 간대요?
학　생(S) : (집이 멀다) 집이 멀다고 하던데요.

1. T : 토니 씨는 왜 못 온대요?
   S : (대사관에 가야 된다) ....

2. T : 토니 씨는 언제 졸업한대요?
   S : (내년 봄에 한다) ....

3. T : 토니 씨는 그 일을 다 했대요?
   S : (거의 다 했다) ....

4. T : 토니 씨와 바바라 씨는 서로 사귄대요?
   S : (그냥 친구 사이다) ....

대화 연습

▶ **친구와 함께 대화를 만들어 보세요.**

A-아/어하다

1. 가 : 방이 따뜻한데 난로는 왜 켰어요?
   나 : 미경 씨가 너무 ________________ 서요.

2. 가 : 이번 시험에서 무엇이 제일 어려웠대요?
   나 : 학생들이 듣기 시험을 제일 ________________.

3. 가 : 동생이 자전거를 샀나 봐요.
   나 : 네. 동생이 자전거를 ________________ 서 아버지께서 생일 선물로 사 주셨어요.

4. 가 : 회사 직원들이 모두 피곤해 보여요.
   나 : 네. 직원들이 일이 너무 많아서 밤늦도록 일하느라고 ________________.

5. 가 : 조카는 어디에 갔어요?
   나 : 조카가 하도 ________________ 서 언니가 놀이터에 데리고 갔어요.

6. 가 : 미유키 씨가 음식을 맛있게 먹네요.
   나 : 미유키 씨는 내가 만든 음식은 무엇이든지 ________________.

7. 가 : 안나 씨가 기분이 별로 좋지 않은 모양이에요.
   나 : 네. 요즘은 매일 고향에 있는 가족을 생각하면서 무척 ________________.

V-(으)려면 멀었다

1. 가 : 민수 씨는 언제 자동차를 살 겁니까?
   나 : 차요? ________________. 자전거도 없는데요.

2. 가 : 발표 준비 다 했어요?
   나 : ________________. 제목도 아직 안 정했는데요.

3. 가 : ________________ 씨는 언제 결혼할 거예요?
   나 : ________________. 여자 친구도 없는데요.

내가 듣기[보기, 생각하기, 알기]에(는)

1. 가 : 바바라 씨 생일이 언제래요?
   나 : ____________________.

2. 가 : 김 선생님께서 왜 요즘 힘들어하세요?
   나 : ____________________.

3. 가 : 5월 5일은 왜 수업이 없어요?
   나 : ____________________.

4. 가 : 저 두 사람이 친한가 봐요.
   나 : ____________________.

눈이 높다 / 발이 넓다 / 손이 크다 / 손발이 맞다 / 귀가 가렵다

1. 가 : 우리 형은 어디에 가나 아는 사람이 많아요.
   나 : ____________.

2. 가 : 음식을 왜 이렇게 많이 준비했어요?
   나 : 많지요? 우리 어머니께서 ________ 편이시라서 그래요.

3. 가 : 나는 머리도 좋고 얼굴도 잘생기고 직업도 좋은 남자와 결혼할 거예요.
   나 : 수미 씨는 정말 ____________. 일찍 결혼하기는 틀렸네요.

4. 가 : 이건 좀 이상한데요. 나는 이렇게 하는 건 별로 좋은 것 같지 않아요.
   나 : 이렇게 ____________데 우리 두 사람이 어떻게 일을 같이 하겠어요?

5. 가 : 민수 씨, ____________지 않았어요?
   나 : 왜요? 내 얘기했어요?

27과 야단맞을까 봐 걱정이지?

CD4 _ track 2 문형 연습

연습 27.1

[보기] 선생님(T) : 왜 우산을 가져가요?
학　생(S) : (비가 오다) 비가 올까 봐 그래요.

1. T : 왜 커피를 안 마셔요?
   S : (밤에 잠이 안 오다) ....
2. T : 뭘 그렇게 걱정해요?
   S : (장학금을 못 받다) ....
3. T : 왜 이렇게 일찍 나가세요?
   S : (길이 막히다) ....
4. T : 왜 그렇게 옷을 많이 입어요?
   S : (감기에 걸리다) ....

연습 27.2

[보기] 선생님(T) : 그 가수가 그렇게 좋니?
학　생(S) : (노래를 잘하다) 그럼. 얼마나 노래를 잘하는데.

1. T : 버스 타기가 그렇게 힘드니?
   S : (사람이 많다) ....
2. T : 컴퓨터 게임이 그렇게 좋니?
   S : (재미있다) ....
3. T : 그 사람이 그렇게 마음에 드니?
   S : (멋있다) ....
4. T : 그 집 냉면이 그렇게 먹고 싶니?
   S : (맛있다) ....

연습 27.3

[보기] 선생님(T) : 청소 다 했어요?
학　생(S) : 네, 하라는 대로 다 했어요.

1. T : 연락 다 했어요?
   S : ....

2. T : 양념 다 넣었어요?
   S : ....

3. T : 그 사람한테 얘기했어요?
   S : ....

4. T : 아이에게 약을 먹였어요?
   S : ....

연습 27.4

[보기] 선생님(T) : 지금 뭐 해요?
학　생(S) : (숙제하다) 숙제하는 중이에요.

1. T : 지금 뭐 해요?
   S : (밥 먹다) ....

2. T : 지금 뭐 해요?
   S : (뉴스 보다) ....

3. T : 지금 뭐 해요?
   S : (라면 끓이다) ....

4. T : 지금 뭐 해요?
   S : (친구 기다리다) ....

대화 연습

▶ **친구와 함께 대화를 만들어 보세요.**

A/V-(으)ㄹ까 봐(서)

1. 가 : .... 씨, 왜 우산을 가져왔어요?
   나 : .... 가져왔어요.

2. 가 : 약속 시간을 잊어버리면 안 돼요.
   나 : 그렇지 않아도 .... 수첩에 써 놓았어요.

3. 가 : 왜 아이스크림을 안 먹어요?
   나 : ....

4. 가 : 왜 나한테 사실대로 이야기 안 했어요?
   나 : ....

5. 가 : 무슨 걱정 있으세요?
   나 : ....

얼마나 A/V-(으)ㄴ/는데

1. 가 : 어제 선 본 사람이 그렇게 마음에 드니?
   나 : 그럼. ....

2. 가 : 그 식당 설렁탕이 그렇게 맛있어요?
   나 : 그럼요. ....

3. 가 : .... 씨 고향이 그렇게 좋은 곳이에요?
   나 : 그럼요. ....

4. 가 : 그 가수가 그렇게 좋니?
   나 : 그럼요. ....

V-(으)라는 대로

1. 가 : 어떻게 하면 감기가 나을까?

   나 : 의사 선생님이 ______________ 약을 먹으면 곧 나을 거예요.

2. 가 : 어떻게 하면 한국말을 잘할 수 있을까요?

   나 : 선생님이 ______________.

3. 가 : 준비물 다 가져왔어요?

   나 : 네. ______________.

4. 가 : 양념을 다 넣었어요?

   나 : 네. ______________.

V-자 V

1. 가 : 친구가 왜 화를 냈어요?

   나 : ______________.

2. 가 : 아이가 언제부터 울었어요?

   나 : ______________.

V-는 중이다

1. 가 : 학생들에게 연락을 다 했어요?

   나 : 아니요. ______________.

2. 가 : 지금 뭐 하세요?

   나 : ______________.

28과 만약에 1억 원을 탄다면

CD4 _ track 3 문형 연습

연습 28.1

[보기] 선생님(T) : 그 말이 사실이 아니래.
학　생(S) : 만약 그 말이 사실이라면 좋을 텐데…….

1. T : 내일이 휴일이 아니래.
   S :

2. T : 상금이 10억 원이 아니래.
   S :

3. T : 그 돈이 다 마이클 씨 돈이 아니래.
   S :

4. T : 바바라 씨가 마이클 씨 애인이 아니래.
   S :

연습 28.2

[보기] 선생님(T) : 복권에 당첨된다면 뭘 하겠어요?
학　생(S) : (집을 사다) 만약에 복권에 당첨된다면 집을 사겠어요.

1. T : 의사가 된다면 뭘 하겠어요?
   S : (가난한 사람들을 고쳐 주다)

2. T : 대통령을 만난다면 뭘 하겠어요?
   S : (같이 사진을 찍다)

3. T : 100만 원이 생긴다면 뭘 하겠어요?
   S : (여행을 가다)

4. T : 장학금을 못 받는다면 어떻게 하겠어요?
   S : (아르바이트를 하다)

연습 28.3

[보기] 선생님(T) : 극장 표가 다 팔렸대.
학　생(S) : (다음에 보다) 그럼 다음에 보지, 뭐.

1. T : 버스가 고장 났대.
   S : (걸어가다) ....
2. T : 콜라는 없고 주스만 있대.
   S : (주스 마시다) ....
3. T : 그 식당은 요즘 공사 중이래.
   S : (다른 데 가다) ....
4. T : 내일은 하루 종일 비가 온대.
   S : (집에서 쉬다) ....

연습 28.4

[보기] 선생님(T) : 어제 축구는 이겼어요?
학　생(S) : (지다) 아뇨, 지고 말았어요.

1. T : 그 두 사람은 결혼했어요?
   S : (헤어지다) ....
2. T : 지연 씨는 비행기를 탔어요?
   S : (놓치다) ....
3. T : 영미 씨는 시험에 붙었어요?
   S : (떨어지다) ....
4. T : 마이클 씨는 요즘도 태권도를 배워요?
   S : (그만두다) ....

대화 연습

▶ **친구와 함께 대화를 만들어 보세요.**

만약[만일]에

1. 가 : 1억이 생기면 뭘 할 거예요?
   나 : 만약 ______________ 면 ______________.
2. 가 : 그 사람 말이 거짓말이면 어떻게 하겠어요?
   나 : 만약 ______________ 면 ______________.
3. 가 : 결혼을 하게 된다면 어떤 사람과 하고 싶어요?
   나 : 만약 ______________ 면 ______________.
4. 가 : ______________ 씨가 여자라면 뭘 할 거예요?
   나 : 만일 ______________ 면 ______________.

V-고 말다

1. 가 : 준호 씨가 아파서 입원했다고 들었어요.
   나 : 네. 잠도 자지 않고 일만 하더니 ______________.
2. 가 : 철수 씨가 여자 친구와 잘 지내지요?
   나 : 아니에요. 여자 친구와 성격이 너무 안 맞아서 ______________.
3. 가 : 어제 축구 경기에서 이겼어요?
   나 : 열심히 뛰었지만 ______________.
4. 가 : 동생이 시험에 붙었어요?
   나 : 공부를 열심히 안 하더니 ______________.
5. 가 : 그 친구 회사가 잘 된대요?
   나 : 아니요. 빚 때문에 ______________.

N이/가 생기다

1. 가 : 어제 동창회에 왜 안 나왔어?
   나 : 미안해. 갑자기 급한 일이 ______서 갈 수 없었어.
2. 가 : 수미 씨가 요즘은 잘 안 보이네요.
   나 : 수미 씨에게 요즘 애인이 ______ 모양이에요.
3. 가 : 어, 못 보던 가게네요.
   나 : 네. 새로 ______.

V-지요, 뭐

1. 가 : 그 영화는 비디오테이프는 없고 DVD만 있대요.
   나 : ______.
2. 가 : 영미 씨 집은 전철보다 버스로 가는 게 더 빠르대요.
   나 : ______.
3. 가 : 가방 값이 너무 비싼데요.
   나 : ______.

그만 V

1. 가 : 전화 ______ 하고 밥 먹어라.
   나 : 네, 알겠습니다.
2. 가 : 시간이 너무 늦었네요!
   나 : 일을 ______ 집에 가야겠어요.

29과 거울

CD4 _ track 4 **문형 연습**

연습 29.1

[보기] 선생님(T) : 그 말이 거짓말이래요.
학　생(S) : 거짓말이라니 말도 안 돼요.

1. T : 저 사람이 도둑이래요.
   S : ……………………………………
2. T : 영미 씨가 서른 살이래요.
   S : ……………………………………
3. T : 그건 철수 씨 잘못이래요.
   S : ……………………………………
4. T : 저 집값이 50억 원이래요.
   S : ……………………………………

연습 29.2

[보기] 선생님(T) : 방에 아무도 없어요.
학　생(S) : 방에 아무도 없다니요?

1. T : 찌개가 매워요.
   S : ……………………………………
2. T : 시험 문제가 쉬워요.
   S : ……………………………………
3. T : 할아버지께서 돌아가셨어요.
   S : ……………………………………
4. T : 버스 요금이 500원이나 올랐어요.
   S : ……………………………………

연습 29.3

[보기] 선생님(T) : 아까 잤어요?
학 생(S) : 네. 하지만 안 자는 척했어요.

1. T : 술 안 마셨어요?
   S : ....

2. T : 음식이 맛없었어요?
   S : ....

3. T : 그 남자가 마음에 안 들었어요?
   S : ....

4. T : 민수 씨가 선물 준비한 걸 알았어요?
   S : ....

연습 29.4

[보기] 선생님(T) : 여기 온 걸 친구도 알아요?
학 생(S) : 아니요. 친구 몰래 왔어요.

1. T : 이사한 걸 민수 씨도 알아요?
   S : ....

2. T : 담배 피운 걸 어머니도 아세요?
   S : ....

3. T : 밤늦게 들어간 걸 아버지도 아세요?
   S : ....

4. T : 생일 파티 준비한 걸 바바라 씨도 알아요?
   S : ....

대화 연습

▶ **친구와 함께 대화를 만들어 보세요.**

A/V-다니 / N(이)라니

1. 가 : 오늘 배운 문법은 별로 어렵지 않지?
   나 : .... 얼마나 어려운데.
2. 가 : 다나카 씨가 아르바이트를 해서 천만 원을 벌었대.
   나 : .... 말도 안 돼.
3. 가 : 그 회사가 망했대요.
   나 : .... 믿을 수 없어요.
4. 가 : 폴 씨가 내일 고향으로 돌아간대요.
   나 : ....? 어제도 아무 말이 없었는데…….
5. 가 : 민수 씨가 회사를 그만두었대요.
   나 : ....? 갑자기 왜요?

A/V-(으)ㄴ/는 척하다

1. 가 : 오늘 학교에서 민수 씨 봤어요?
   나 : 네. 하지만 ....
2. 가 : 지연 씨가 만든 음식이 맛있었어요?
   나 : 아니요. ....
3. 가 : 영미 씨도 민수 씨를 좋아한다고 들었는데…….
   나 : 네. 하지만 영미 씨가 민수 씨 앞에서는 ....
4. 가 : 친구가 준 선물이 마음에 들었어요?
   나 : 아니요. 하지만 친구한테는 ....
5. 가 : 친구에게 돈을 빌려 줬어요?
   나 : 아니요. 그냥 돈이 ....

웬 N / 웬일이다

1. 가 : 민호가 한턱낸대요.

   나 : ________________________________.

2. 가 : 어, 민호 씨!

   나 : 지연 씨! 일요일인데 학교에는 ________________________________?

3. 가 : 누가 나를 찾았어요?

   나 : 응. 아까 ________________________________.

4. 가 : 선물이에요. 받으세요.

   나 : ________________________________?

N 모르게[몰래] V

1. 가 : 어, 이 카메라 샀어요?

   나 : 아니요. 형 건데 ________________________________.

2. 가 : 그 친구와 사귀는 걸 부모님도 아세요?

   나 : 아니요. ________________________________.

3. 가 : 언니 옷 입고 나온 걸 언니도 알아요?

   나 : 아니요. ________________________________.

4. 가 : 어제 다른 친구와 술 마신 걸 여자 친구도 알아요?

   나 : 아니요. ________________________________.

5. 가 : 아르바이트하는 걸 부모님도 아세요?

   나 : 아니요. ________________________________.

복습 7

I 다음에서 알맞은 단어를 찾아 문장에 맞게 쓰세요. (1-15)

나머지	누군가	모습	미혼	사이	이혼	가렵다	끄덕이다
당첨되다	들여다보다	생기다	숨기다	아깝다	찾아내다	치다	
확인하다	게다가	도대체	실컷	왜냐하면	일부러	정말로	

1. 요즘 내 룸메이트에게 무슨 비밀이 있는 것 같다. 아무것도 (　　　　　　) 것이 없다고 말하지만 내가 보기에는 (　　　　　　)를 사귀고 있는 것 같다.

2. 나는 차가 있지만 (　　　　　　) 걸어 다닌다. 걷는 것이 건강에 좋기 때문이다.

3. 친구 집에 숨어 있던 도둑을 경찰이 (　　　　　　)습니다.

4. 이번 주말에는 아무것도 안 하고 집에서 (　　　　　　) 잠이나 자고 싶다.

5. 이 옷은 좀 오래돼서 유행이 지나기는 했지만 버리기는 (　　　　　　)니까 고쳐서 입어야겠다.

6. 한국에서는 돼지꿈을 꾸면 좋은 일이 (　　　　　　)다고 한다. 그래서 돼지꿈을 꾸면 복권을 사는 사람이 많다. 만약 1등에 (　　　　　　)면 큰돈을 타게 되기 때문이다.

7. 우리는 하루에도 몇 번씩 거울을 보며 얼굴, 머리 모양이 괜찮은지 (　　　　　　)다. 거울을 볼 때 겉모습만 보지 말고 우리의 마음도 (　　　　　　) 수 있다면 얼마나 좋을까?

8. 요즘 어머니께서는 (　　　　　　)인 누나 걱정을 많이 하신다. (　　　　　　) 누나가 서른 살이 넘도록 결혼할 생각을 전혀 안 하기 때문이다.

9. 저 두 사람은 참 잘 어울리지요? 서로 아끼고 사랑해 주는 (　　　　　　)이/가 정말 행복해 보여요.

10. 내일 모임에 명진 씨 여자 친구도 올까? 요즘 두 사람 (　　　　　　)이/가 별로 좋지 않다고 하던데.

11. 왜 이렇게 귀가 ( )지요? 누군가 내 이야기를 하고 있는 모양이에요.

12. 내 동생은 눈이 높다. 자신이 결혼할 사람은 머리도 좋아야 하고 키도 커야 하고 ( ) 돈도 많아야 한다고 한다.

13. 너는 나한테 왜 툭하면 화를 내니? ( ) 왜 그래?

14. 오늘은 여기까지만 공부하고 ( )는 내일 합시다.

15. 동생은 고개를 ( )면서 이제 알겠다고 말했다.

II ( ) 안의 문형을 써서 대화를 완성하세요. (16-27)

16. 가 : 고향엔 언제 가세요?
    나 : ....

    (V-(으)려면 멀었다)

17. 가 : 이 소식을 들으면 누가 가장 기뻐할까요?
    나 : ....

    (A-아/어하다)

18. 가 : 저 두 사람은 친구 사이일까, 애인 사이일까?
    나 : ....

    (내가 듣기[보기, 생각하기, 알기]에는)

19. 가 : 지연 씨는 어떤 사람을 좋아한대요?
    나 : ....

    (A/V-다고 하던데요)

20. 가 : 저 아이가 왜 울어요?
    나 : ....

    (V-자 V)

21. 가 : 왜 그렇게 급히 뛰어가세요?
나 : ______________________________.
(A/V-(으)ㄹ까 봐)

22. 가 : 그 사람이 그렇게 마음에 드니?
나 : 그럼. ______________________________.
(얼마나 A/V-(으)ㄴ/는데)

23. 가 : 1억 원이 생기면 뭘 할 거예요?
나 : ______________________________.
(만약 A/V-ㄴ/는다면)

24. 가 : 영화 표가 다 팔렸다는데 어떻게 하지요?
나 : ______________________________.
(V-지요, 뭐)

25. 가 : 영미 씨는 대학원 시험에 붙었대요?
나 : ______________________________.
(V-고 말다)

26. 가 : 여기 있던 내 지갑이 없어졌어요.
나 : ______________________________.
(A/V-다니)

27. 가 : 너도 그 사실을 알고 있었지?
나 : 응. 하지만 ______________________________.
(A/V-(으)ㄴ/는 척하다)

CD4 _ track 5

듣기

I 다음을 잘 듣고 내용이 같은 것을 고르세요. (1-3)

1. ① 기차를 탔어야 했는데…….
② 기차를 타려고 빨리 뛰었어요.
③ 빨리 뛰었는데도 기차를 놓쳤어요.

2. ① 나는 지금 부자가 아니다.
② 나는 부자인 친구를 좋아한다.
③ 나는 지금 좋은 일을 많이 하고 있다.

3. ① 그 일을 그만두었어요.
② 그 일을 이제 그만 하세요.
③ 그 일을 그만둘 수 없어요.

II 다음을 잘 듣고 어울리는 대답을 고르세요. (4-6)

4. ① 기가 막히네요.
② 혹시 추울까 봐 그래요.
③ 창문을 닫는 게 좋겠어요.

5. ① 빨리 오지 못해요?
② 아무도 안 오다니요? 믿을 수 없어요.
③ 민수 씨가 한 시간이나 늦을 것 같아요.

6. ① 휴일이잖아요.
② 영화가 재미없거든요.
③ 극장에 가는 중이에요.

III 다음 대화를 잘 듣고 질문에 맞는 답을 고르세요. (7–8)

7. ① 다쳐서 야단맞았다.
   ② 야구를 해서 야단맞았다.
   ③ 창문을 깨뜨려서 야단맞았다.

8. ① 
   ② 
   ③ 

IV 다음을 잘 듣고 질문에 맞는 답을 고르세요. (9–10)

9. ① 새 물건 ② 쓰던 물건 ③ 고장 난 물건

10. ① 우리 동네 사람들은 그곳을 자주 이용한다.
    ② 나는 필요한 물건이 있을 때만 그곳에 간다.
    ③ 오래전부터 우리 집 근처에 수리 센터가 있었다.

V 다음을 잘 듣고 질문에 답하세요. (11–12)

11. ( )

12. ① 엄마는 나 때문에 화를 내실 때가 많다.
    ② 나는 동생이 선물을 받을까 봐 걱정이다.
    ③ 나는 항상 무슨 일이든지 열심히 했다고 생각한다.

말하기

▶ **다음 영화의 이야기를 읽고 친구에게 자기의 생각을 말해 보세요.**

당신에게 일어날 수 있는 일

It Could Happen to You

(1994년, 미국)

정직하고 좋은 경찰인 찰리는 언제나 다른 사람들을 도와준다. 찰리의 아내 뮤리엘은 남편과는 다르게 돈을 좋아해서 부자가 되고 싶어한다. 식당에서 일하는 이본느는 착하지만 헤어진 남편 때문에 가지고 있던 돈을 모두 빼앗겼다. 어느 날 점심을 먹기 위해 이본느가 일하는 식당에 온 찰리는 점심 값은 있지만 팁이 모자라서 아내에게 주려고 샀던 복권을 이본느에게 보여 주면서 당첨이 되면 상금을 반으로 나누어 주겠다고 약속한다. 그런데 얼마 후 찰리는 정말 4백만 달러짜리 복권에 당첨된다. 그리고 약속대로 이본느에게 2백만 달러를 준다. 하지만 욕심 많은 찰리의 아내 뮤리엘은 화를 내고 결국은 찰리와 이혼한 후 당첨된 4백만 달러를 모두 빼앗는데…….

1. 여러분이 만약에 찰리(경찰)라면 어떻게 하겠습니까?

2. 여러분이 만약에 이본느(식당에서 일하는 사람)라면 어떻게 하겠습니까?

3. 여러분이 만약에 뮤리엘(경찰의 아내)이라면 어떻게 하겠습니까?

4. 어떻게 하면 세 사람이 모두 행복해지겠습니까?

I 다음 문장과 뜻이 비슷한 것은 어느 것입니까? (1-3)

1. 시험을 잘 못 볼까 봐 잠이 안 와요.

① 시험을 꼭 보고 싶어요.
② 시험에 늦으면 안 되니까 잠을 안 잤어요.
③ 시험을 잘 보고 싶은데 잘 볼 수 있을지 걱정이에요.

2. 컴퓨터 게임 그만 하고 공부하지 못해?

① 게임하지 말고 공부해.
② 게임하기는 틀렸으니까 공부하자.
③ 그만 공부하고 게임하는 게 어때?

3. 어제 있었던 축구 시합에서 우리 팀이 열심히 했지만 지고 말았어요.

① 열심히 했어야 했는데…….
② 만약 어제 졌다면 좋았을 텐데…….
③ 열심히 했는데도 시합에 졌어요.

II 다음을 읽고 알 수 없는 내용을 고르세요. (4-5)

4.

공연 안내

♥ 친구 사이 ♥

- **장소** : 대학로 꿈나무 소극장
- **일시** : 6월 13일 - 6월 20일 (오후 3시, 6시)
- **내용** : 부모님의 이혼 후 엄마가 떠날까 봐 걱정하며 겁쟁이가 된 민호와 아버지에게 맞고 자라는 준식이가 친구가 되어 가는 이야기입니다. 서로의 아픔을 함께 나누는 아름다운 우정을 느낄 수 있습니다.

※ 강아지와 4세 이하 아이는 입장할 수 없습니다.

① 공연은 하루에 두 번 있다.
② 5살 이상이 돼야 볼 수 있는 연극이다.
③ 연극을 볼 때 아이를 맡기는 곳이 있다.

5.

역사학자인 김현신 선생님께서 30일 새벽 병으로 돌아가셨습니다. 김현신 선생님께서는 한국대학교 역사학과를 졸업하신 후 1985년부터 한국대학교 교수로 일해 오셨으며 「한국 현대사」, 「조선 시대 민중의 생활」 등 많은 책을 쓰셨습니다. 유족으로는 부인과 2남, 장례식은 4일 오전 8시 서울병원.

① 그분의 직업
② 그분이 살던 곳
③ 장례식 시간과 장소

III 다음을 읽고 대답하세요. (6)

한국 사람들은 결혼할 때 결혼식에 사람들을 초대하기 위해서 청첩장을 보낸다. 한국의 청첩장에는 결혼하는 두 사람과 부모님 이름이 나와 있고 결혼식장에 찾아가는 방법 등이 써 있다. 보통 청첩장은 흰색이 많은 편이고 가끔 두 사람의 사진을 넣기도 한다.

6. 무엇에 대한 글입니까?
① 한국의 결혼식 장소
② 한국의 청첩장과 내용
③ 한국 사람들이 결혼하는 때

IV 다음 대화를 읽고 답하세요. (7-8)

민수 : 지연아, 여자 친구 좀 소개해 줘.

지연 : 글쎄, 내가 아는 사람이 별로 없잖아.

민수 : 너희 언니가 발이 넓다고 들었는데 부탁하면 안 될까?

지연 : 그래, 내가 말해 볼게. 넌 어떤 사람이 좋은데?

민수 : 마음씨도 좋고 성격이 나랑 비슷해서 손발이 잘 맞는 사람이면 좋겠어.

7. 지연 씨 언니는 어떤 사람입니까?

① 발이 아주 크다.
② 마음씨가 좋고 착하다.
③ 아는 사람이 아주 많다.

남수 : 어, 오랜만이다. 못 만난 지 10년은 된 것 같은데?
그동안 어떻게 지냈어?

정아 : 어, 남수구나! 넌 고등학교 때랑 똑같다.

남수 : 그래? 더 멋있어지지 않았어? 하하! 근데 너는 지금 어디서 일해?

정아 : 나? 나는 지금 은행에 다니고 있어. 너는?

남수 : 정말? 나도 은행에서 일하는데. 자, 내 명함이야.

8. 다음 중 맞는 것은 무엇입니까?

① 두 사람은 지금 고등학생이다.
② 두 사람은 고등학교 동창 사이이다.
③ 두 사람은 10년 동안 자주 만나 왔다.

V 다음을 읽고 대답하세요. (9-10)

외국인이 보는 한국 사람들의 특징 중 하나는 잘 웃지 않는다는 것이다. 전철 안에서 엘리베이터 안에서 모르는 사람과 눈이 마주쳤을 때 가볍게 웃는 사람도 있지만 대부분은 아무 표정 없이 고개를 돌린다. 이렇게 잘 웃지 않는 모습은 젊은 사람보다는 나이가 많은 아저씨, 아주머니에게서 그리고 여자보다는 남자에게서 더 자주 볼 수 있다. 한국 사람들이 잘 웃지 않는 것은 웃는 것을 싫어하기 때문이 아니고 웃는 것에 익숙하지 않기 때문이다.

옛날 한국 사람들은 자신의 감정을 다른 사람들에게 보이지 않는 것이 더 좋다고 생각했다. 특히 남자들은 아무리 기뻐도 그 기쁜 마음을 밖으로 잘 표현하지 않았고 또 아무리 슬픈 일이 있어도 그 슬픈 마음을 다른 사람들에게 잘 보이지 않았다.

그러나 요즘은 한국 사람들도 잘 웃으려고 노력한다. 마음속의 생각이나 느낌도 중요하지만 그것을 밖으로 표현하는 것도 중요하다고 사람들의 생각이 바뀌고 있기 때문이다.

9. 옛날 한국 남자들이 잘 웃지 않는 이유는 무엇입니까?
( )

10. 다음 중 맞지 않는 것은 무엇입니까?
① 한국 사람들은 웃는 것을 좋아하지 않는다.
② 옛날 한국 사람들은 감정을 잘 표현하지 않았다.
③ 젊은 사람들이 나이가 많은 사람들보다 감정 표현을 잘 하는 편이다.

쓰 기

1 만약에 과거로 돌아갈 수 있다면 어떻게 하겠습니까? 메모해 보세요.

- 돌아가고 싶은 때 :
- 돌아가고 싶은 이유 :
- 돌아가서 하고 싶은 일 :

II 과거로 돌아간 날의 하루를 써 보세요.

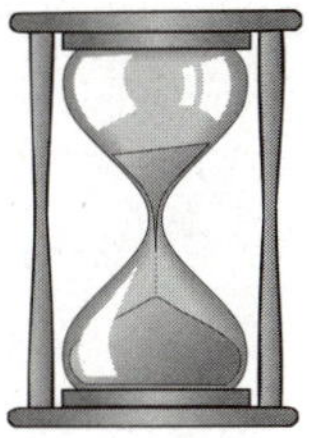

30과 여행에 관한 모든 것을 알려 드립니다

CD4 _ track 6 문형 연습

연습 30.1

[보기] 선생님(T) : 그 가게는 과일이 싸지요?
학　생(S) : (야채) 네. 과일은 물론이고 야채도 싸요.

1. T : 토니 씨는 야구를 좋아하지요?
   S : (축구) ....

2. T : 비자 받는데 여권이 필요하지요?
   S : (사진) ....

3. T : 바바라 씨는 노래를 잘하지요?
   S : (기타) ....

4. T : 마이클 씨는 술을 많이 마시지요?
   S : (담배) ....

연습 30.2

[보기] 선생님(T) : 주말엔 보통 뭘 하세요?
학　생(S) : (집에서 쉬다/친구를 만나다) 집에서 쉬거나 아니면 친구를 만나요.

1. T : 숙제는 보통 언제 하세요?
   S : (밤늦게 하다/아침 일찍 하다) ....

2. T : 피곤할 때 보통 뭘 하세요?
   S : (목욕하다/잠을 자다) ....

3. T : 기분 나쁘면 보통 뭘 하세요?
   S : (운동하다/비디오를 보다) ....

4. T : 고향에 있는 가족과 어떻게 연락하세요?
   S : (전화하다/이메일을 보내다) ....

연습 30.3

[보기] 선생님(T) : 잘 들리게 크게 말하세요.
학　생(S) : 네, 잘 들리도록 크게 말할게요.

1. T : 늦지 않게 서두르세요.
   S : ....
2. T : 칠판 글씨가 잘 보이게 크게 쓰세요.
   S : ....
3. T : 이 사전을 잃어버리지 않게 조심하세요.
   S : ....
4. T : 음식이 모자라지 않게 많이 준비하세요.
   S : ....

연습 30.4

[보기] 선생님(T) : 편지를 부쳐야 하는데…….
학　생(S) : (학교 가다) 학교 가는 길에 내가 부칠게.

1. T : 책을 안 빌려 왔는데…….
   S : (도서관 가다) ....
2. T : 전화 요금을 안 냈는데…….
   S : (은행 가다) ....
3. T : 우유를 사 와야 하는데…….
   S : (운동하고 오다) ....
4. T : 세탁소에 옷을 안 맡겼는데…….
   S : (나가다) ....

대화 연습

▶ **친구와 함께 대화를 만들어 보세요.**

N에 관한 N / N에 관해(서) V

1. 가 : 김 교수님은 신문에 무슨 내용의 글을 쓰셨어요?
   나 : ______________________ 글을 쓰셨습니다.

2. 가 : 어떤 책을 빌려 줄까요?
   나 : ______________________ 책이 있으면 빌리고 싶습니다.

3. 가 : 무엇에 대해 발표하려고 합니까?
   나 : 저는 한국의 교육 문제 ______________ 발표하고자 합니다.

4. 가 : 인터넷에 대해 물어보고 싶은 게 있는데요.
   나 : 인터넷 ________ 것은 성진 씨에게 물어보세요. 인터넷 박사니까요.

V-고자 / V-고자 하다

1. 가 : 대학을 졸업하면 무엇을 할 생각입니까?
   나 : 대학을 졸업하면 곧 ______________________________.

2. 가 : 어떤 비디오를 보여 주실 겁니까?
   나 : 오늘은 한국 탈춤에 대한 비디오를 ____________________.

3. 가 : 왜 이 대학원에 들어오게 되었습니까?
   나 : 한국 문화를 ____________ 이 대학원에 들어왔습니다.

V-도록

1. 가 : 발표할 때는 조심할 게 없나요?
   나 : 다른 사람에게 ______________ 크게 말씀해 주세요.

2. 가 : 음식을 많이 준비해야 돼요?
   나 : 네. ________________ 음식을 충분히 준비하세요.

3. 가 : 그 길로 가면 되지요?

나 : 네. 하지만 그 길은 위험하니까 ________________ 조심하세요.

4. 가 : 열심히 해 보세요.

나 : 네. ________________ 최선을 다하겠습니다.

5. 가 : 듣기를 잘하려면 어떻게 하면 돼요?

나 : ________________________________.

6. 가 : 약을 언제 먹어요?

나 : 식사하고 나서 30분 후에 ________________.

V-는 길에

1. 가 : 경주에는 언제 오실 겁니까?

나 : 부산에 ________________ 경주에 들를 예정입니다.

2. 가 : 집에 바로 올 거지요?

나 : 집에 ________________ 은행에 잠깐 들러 갈게요.

3. 가 : 저 지금 밖에 나가는데 필요한 것 없어요?

나 : 미안하지만 ________________ 약국에 들러 감기약 좀 사 오세요.

N은/는 물론(이고) N도

1. 가 : 준석 씨가 운동을 잘해요?

나 : ____.

2. 가 : 한국 사람만 김치를 좋아해요?

나 : ____.

31과 한글은 세계에 자랑할 만하지요

연습 31.1

CD4 _ track 7 문형 연습

[보기] 선생님(T) : 그 책이 그렇게 재미있어요?
학 생(S) : (읽다) 네. 정말 읽을 만해요.

1. T : 그 노래가 그렇게 좋아요?
   S : (듣다) ....

2. T : 불고기가 그렇게 맛있어요?
   S : (먹다) ....

3. T : 그 영화가 그렇게 재미있어요?
   S : (보다) ....

4. T : 설악산이 그렇게 아름다워요?
   S : (가 보다) ....

연습 31.2

[보기] 선생님(T) : 한국 여름은 무척 덥다지요?
학 생(S) : (비도 많이 온다) 더울 뿐만 아니라 비도 많이 와요.

1. T : 그 식당 음식 값이 싸다지요?
   S : (아줌마도 친절하다) ....

2. T : 이사 간 아파트가 꽤 넓다지요?
   S : (전세 값도 싸다) ....

3. T : 요즘 하는 일이 아주 재미있다지요?
   S : (돈도 많이 받다) ....

4. T : 요즘 사귀는 사람이 아주 잘생겼다지요?
   S : (성격도 좋다) ....

연습 31.3

[보기] 선생님(T) : 약속 날짜를 정했어요.
학　생(S) : 약속 날짜가 정해졌어요.

1. T : 법을 잘 지켜요.
   S : ....

2. T : 유리창을 깼어요.
   S : ....

3. T : 한글을 만들었어요.
   S : ....

4. T : 냉장고를 고쳤어요.
   S : ....

연습 31.4

[보기] 선생님(T) : 올해 생활비가 많이 들어요?
학　생(S) : (작년) 네, 작년에 비해 많이 들어요.

1. T : 이번 시험은 잘 봤어요?
   S : (지난 시험) ....

2. T : 그 사람은 젊어 보여요?
   S : (나이) ....

3. T : 그 회사는 월급이 많아요?
   S : (다른 회사) ....

4. T : 요즘 에어컨이 많이 팔려요?
   S : (지난달) ....

대화 연습

▶ **친구와 함께 대화를 만들어 보세요.**

V-(으)ㄹ 만하다 / V -(으)ㄹ 만한 N

1. 가 : 제주도에 가 보니까 어때요?
   나 : 정말 아름다워요. 한국에서 꼭 한 번 .... 곳이에요.

2. 가 : 그 영화가 그렇게 좋았니?
   나 : 그럼요. 정말 ....

3. 가 : 저 식당 음식 맛이 어때요?
   나 : ....

4. 가 : 집에서 학교까지 걸어 다니세요?
   나 : 네. 조금 멀긴 하지만 ....

5. 가 : 바지가 조금 작지 않니? 새로 하나 사 줄까?
   나 : 아니요. 아직 ....

A/V-(으)ㄹ 뿐(만) 아니라 / N뿐(만) 아니라

1. 가 : 새로 이사 간 집이 어때요?
   나 : ....

2. 가 : 지금 다니는 회사가 어때요?
   나 : ....

3. 가 : 여자 친구는 어떤 사람이에요?
   나 : 내 여자 친구는 ....

4. 가 : 외워야 할 단어가 많아요?
   나 : ....

V-아/어지다

1. 가 : 전화를 하다가 왜 끊었어요?
   나 : 전화가 ....

2. 가 : 네. 수리 센터입니다. 무엇을 도와 드릴까요?
   나 : 어제 맡긴 컴퓨터가 다 ....는지 알아보고 싶은데요.

3. 가 : 왜 손가락을 다쳤어요?
   나 : 설거지하다가 그릇이 ....서 다쳤어요.

4. 가 : 운전 중에 휴대폰을 사용하지 말라는 법이 있다지요?
   나 : 네. 있기는 있지만 잘 ....는 편이에요.

5. 가 : 약속 날짜를 정했어요?
   나 : 아직요. ....면 연락 드릴게요.

N에 비해(서)

1. 가 : 사람이 정말 많군요.
   나 : 네. 이곳은 .... 겨울에 관광객이 더 많아요.

2. 가 : 준호 씨가 참 젊어 보이네요.
   나 : 맞아요. 준호 씨는 .... 훨씬 젊어 보이는 편이에요.

3. 가 : 이번 시험 잘 봤지요?
   나 : 네. .... 이번 시험 점수가 더 좋아요.

4. 가 : 이 식당은 참 싸고 맛있네요.
   나 : 네. 이 식당은 .... 맛이 좋은 편이에요.

5. 가 : 그 친구는 생각이 참 깊지요?
   나 : 네. ....

32과 무슨 날인지 궁금했어요

CD4 _ track 8 **문형 연습**

연습 32.1

[보기] 선생님(T) : 어제 잠을 못 잤어요. 피곤해요.
학　생(S) : 어제 잠을 못 잤더니 피곤해요.

1. T : 약을 먹었어요. 졸려요.
   S : ....
2. T : 아침을 굶었어요. 배가 고파요.
   S : ....
3. T : 내가 화를 냈어요. 친구도 화를 냈어요.
   S : ....
4. T : 약속 시간에 늦게 갔어요. 모두 가 버렸어요.
   S : ....

연습 32.2

[보기] 선생님(T) : 먼저 가겠어요.
학　생(S) : (같이 갑시다) 먼저 가겠다고 했더니 같이 가자고 했어요.

1. T : 뭘 먹겠어요?
   S : (아무것도 안 먹겠어요) ....
2. T : 늦지 않도록 서두르세요.
   S : (알겠어요) ....
3. T : 3만 원만 빌려 주세요.
   S : (돈이 없어요) ....
4. T : 비디오나 빌려 봅시다.
   S : (좋은 생각이에요) ....

연습 32.3

[보기] 선생님(T) : 토니 씨가 발표 준비를 했어요?
학　생(S) : 글쎄요, 했는지 안 했는지 모르겠는데요.

1. T : 이 답이 맞아요?
   S : ....

2. T : 바바라 씨가 여행 갔다 왔어요?
   S : ....

3. T : 그 말이 사실이에요?
   S : ....

4. T : 한글날이 공휴일이에요?
   S : ....

연습 32.4

[보기] 선생님(T) : 버스를 탔어요. 잘못 탔어요.
학　생(S) : 버스를 타고 보니 잘못 탔어요.

1. T : 바지를 샀어요. 좀 작았어요.
   S : ....

2. T : 설명을 들었어요. 이해가 됐어요.
   S : ....

3. T : 나중에 알았어요. 대학 동창이었어요.
   S : ....

4. T : 지하철에서 내렸어요. 가방이 없었어요.
   S : ....

대화 연습

▶ **친구와 함께 대화를 만들어 보세요.**

V-았/었더니

1. 가 : 친구가 왜 화를 냈어요?
   나 : ________________ 화를 냈어요.

2. 가 : 오늘 좀 피곤해 보이네요.
   나 : ________________ 피곤하네요.

3. 가 : 할머니께서 왜 그렇게 기뻐하셨어요?
   나 : ________________ 기뻐하셨어요.

4. 가 : 감기 괜찮아졌어요?
   나 : ________________ 이제 좀 괜찮아요.

5. 가 : 왜 그래요? 머리 아프세요?
   나 : ________________________.

V-더니 / V-았/었더니

1. 가 : 태영 씨와 영미 씨가 결혼한대요.
   나 : 두 사람이 ________________ 드디어 결혼하는군요.

2. 가 : 선생님 설명을 못 알아듣겠어요?
   나 : 네. 이 주일 동안 ________________ 무슨 말인지 하나도 모르겠어요.

3. 가 : 왜 벌써 들어와요?
   나 : 약속 장소에 ________________ 아무도 없었어요.

4. 가 : 민호 씨가 사장님이 되었대요.
   나 : 항상 맡은 일에 최선을 ________________ 드디어 성공했군요.

A/V-(으)ㄴ/는지 안[못] A/V-(으)ㄴ/는지 / N-인지 아닌지

1. 가 : 미영 씨도 대학원에 간대요?
   나 : 글쎄요, ______________________.

2. 가 : 아까 준석 씨가 한 말이 사실이에요?
   나 : 글쎄요, ______________________.

3. 가 : 수미는 지난번 시험을 잘 봤대요?
   나 : 글쎄요, ______________________.

4. 가 : 마이클도 여행을 간대요?
   나 : 글쎄요, ______________________.

5. 가 : 할머니께서 부산에 도착하셨을까요?
   나 : 글쎄요, ______________________.

V-고 보니

1. 가 : 아까 그 사람 아는 사람이에요?
   나 : 네. ____________ 초등학교 동창이었어요.

2. 가 : 이제 이해가 돼요?
   나 : 네, 얘기를 다 ____________ 이제 이해가 돼요.

3. 가 : 왜 버스를 탔다가 그냥 내렸어요?
   나 : 버스를 ______________________.

4. 가 : 왜 약속 날짜를 정했다가 바꿨어요?
   나 : ______________________.

5. 가 : 왜 옷을 입었다가 다시 벗으세요?
   나 : ______________________.

33과 한국의 산에 반하신 모양이군요

CD4 _ track 9 **문형 연습**

연습 33.1

[보기] 선생님(T) : 그 음악을 또 들어요?
학　생(S) : (좋다) 들어도 들어도 좋아요.

1. T : 아직도 일을 해요?
   S : (끝이 안 나다) ....
2. T : 안경을 또 닦아요?
   S : (깨끗해지지 않다) ....
3. T : 한자를 또 외워요?
   S : (금방 잊어버리다) ....
4. T : 하루 종일 잤는데 또 자요?
   S : (졸리다) ....

연습 33.2

[보기] 선생님(T) : 질문할 게 또 있어요?
학　생(S) : (이거) 아뇨. 이거뿐이에요.

1. T : 다음에 또 해요?
   S : (이번) ....
2. T : 살 게 또 있어요?
   S : (그거) ....
3. T : 아는 노래 또 있어요?
   S : (이 노래) ....
4. T : 그걸 아는 사람이 또 있어요?
   S : (그 사람) ....

연습 33.3

[보기] 선생님(T) : 쓰기부터 할까?
학　생(S) : (읽기부터 하다) 쓰기는 그만두고 읽기부터 하자.

1. T : 에어컨을 살까?
   S : (선풍기나 사다) ....

2. T : 밥을 좀 할까?
   S : (빵이나 먹다) ....

3. T : 방 청소 좀 할까?
   S : (밥부터 먹다) ....

4. T : 하와이로 여행 갈까?
   S : (제주도라도 가다) ....

연습 33.4

[보기] 선생님(T) : 왜 설악산에 가려고 해요?
학　생(S) : (단풍이 아름답다) 단풍이 아름답기로 유명하거든요.

1. T : 왜 그 시장에 가려고 해요?
   S : (옷값이 싸다) ....

2. T : 왜 그 학교에 가려고 해요?
   S : (캠퍼스가 멋있다) ....

3. T : 왜 그 도서관에 가려고 해요?
   S : (책이 많다) ....

4. T : 왜 그 음식점에 가려고 해요?
   S : (갈비가 맛있다) ....

대화 연습

▶ **친구와 함께 대화를 만들어 보세요.**

V-아/어도 V-아/어도

1. 가 : 도대체 하루에 몇 시간을 자는 거야?
   나 : ______________________________.

2. 가 : 또 그 사람 사진을 보고 있어요?
   나 : ______________________________.

3. 가 : 아직도 그 노래를 들어요?
   나 : ______________________________.

4. 가 : 시험공부 다 했어요?
   나 : 다 하다니요? ______________________________.

5. 가 : 아이스크림을 정말 좋아하나 봐요.
   나 : ______________________________.

N뿐이다

1. 가 : 다음 주에 시간 있으세요?
   나 : 다음 주에 약속이 없는 날은 ______________________________.

2. 가 : 갖고 싶은 거 있으면 얘기해 보세요.
   나 : 지금 갖고 싶은 것은 ______________________________.

3. 가 : 한국 친구 많이 있어요?
   나 : 한국 친구라고는 ______________________________.

4. 가 : 한국 음식 잘 만들어요?
   나 : ______________________________.

N-답다

1. 가 : 우리 아들 사진이에요.
   나 : 아드님이 군대에 가더니 씩씩하고 군인 __________.

2. 가 : 계절이 이상해요.
   나 : 맞아요. 여름이 __________지 않고 겨울도 __________지 않아요.

3. 가 : 우리 아이는 정치에 관해 이야기하는 것을 좋아해요.
   나 : 10살밖에 안 됐는데 __________지 않게 정치에 관심이 많군요.

N은/는 그만두고

1. 가 : 우리 언제 한번 제주도에 갈까요?
   나 : ____________________ 부산이라도 갑시다.

2. 가 : 다음 달에 월급 타면 영미 씨에게 갈비를 사 줄게요.
   나 : ______________________________.

3. 가 : 설거지 좀 도와줄까요?
   나 : ______________________________.

N(으)로 유명하다 / A/V-기로 유명하다

1. 가 : 우리 학교에서 준석 씨를 모르는 사람이 없다지요?
   나 : ______________________________.

2. 가 : 왜 저 식당에는 항상 사람이 많지요?
   나 : ______________________________.

3. 가 : __________ 씨 고향은 무엇으로 유명해요?
   나 : ______________________________.

복습 8

어휘와 문법

I 다음에서 알맞은 단어를 골라서 맞게 쓰세요. (1-15)

당시	마음씨	제대로	직접	궁금하다	그만두다	답답하다
대접하다	들르다	반하다	손쉽다	일어나다	자랑하다	
정해지다	퍼지다	표시되다	더욱	주로	평화적으로	

1. 옷이 그게 뭐야? 속옷이 밖으로 나왔잖아. 옷 좀 ( ) 입어.
2. 동생이 자신의 남자 친구가 잘생겼다고 하도 ( )서 오늘 직접 만나 보았는데 도대체 어디가 잘생겼는지 알 수 없었다.
3. 신랑에게 신부의 어디가 마음에 들었냐고 했더니 신부의 착한 ( )에 반했다고 대답했다.
4. 오늘 아침에는 학교에 가는 길에 가게에 ( )서 우유를 샀다.
5. 세계적으로 알려진 화가나 작가 중에는 그 사람들이 활동하던 ( )보다 죽은 후에 유명해진 사람들도 많다. 고흐, 카프카 등이 그렇다.
6. 어렸을 때 같은 동네에 살면서 같이 학교 다니던 친구와 연락이 끊긴 지 오래되었다. 지금은 어디에서 무엇을 하고 있는지 ( ).
7. '나가는 곳' 이라고 ( ) 있는 쪽으로 나가시면 경복궁이 나와요.
8. 한국에는 점쟁이라고 불리는 사람들이 있는데 점쟁이들은 어떤 사람의 과거에 ( ) 일이나 미래에 ( ) 일을 알아맞힐 수 있다고 한다.
9. 인도의 간디는 인도가 영국의 식민지였을 때 ( ) 독립운동을 했던 사람으로 유명하다.
10. 남에 관한 좋지 않은 소문이 좋은 소문보다 더 빨리 ( ) 것 같다.

11. 네팔을 다녀온 많은 사람들은 아름다운 히말라야 산은 물론 네팔 사람들의 순수함에 (　　　　　)서 또 가고 싶다고 한다.

12. 젊었을 때는 (　　　　　) 록 음악을 들었는데 요즘은 재즈를 많이 들어요.

13. 자동차는 (　　　　　) 자전거라도 한 대 살 수 있으면 좋겠어요.

14. 언제 한번 우리 집에 오시면 맛있는 저녁을 (　　　　　)게요.

15. 그 사람은 자기 생각을 다른 사람한테 잘 말하지 않기 때문에 같이 있으면 (　　　　　) 때가 많다.

II (　　) 안의 문형을 써서 대화를 완성하세요. (16-27)

16. 가 : 무슨 음악을 좋아하세요?

나 : ....

(N은/는 물론이고 N도)

17. 가 : 비행기 출발 시간이 아침 8시예요.

나 : ....

(V-도록)

18. 가 : 우체국에 언제 갈 거예요?

나 : ....

(V-는 길에)

19. 가 : 그 책 어때요? 재미있어요?

나 : ....

(V-(으)ㄹ 만하다)

20. 가 : 지금 다니는 회사가 어때요?

나 : ....

(A/V-(으)ㄹ 뿐만 아니라)

21. 가 : 어제 민수 씨가 등산 갔대요? 비가 많이 왔잖아요.

나 : ....

(A/V-(으)ㄴ/는데도 불구하고)

22. 가 : 한국의 대학생들은 어때요?

나 : ....

(N에 비해서)

23. 가 : 왜 그렇게 피곤해 보여요?

나 : ....

(V-았/었더니)

24. 가 : 5월 1일에 수업을 안 한대요?

나 : 글쎄요, ...

(A/V-(으)ㄴ/는지 안[못] A/V-(으)ㄴ/는지)

25. 가 : 왜 옷을 입었다가 다시 벗어요?

나 : ....

(V-고 보니)

26. 가 : 요즘 일이 많은가 봐요.

나 : ....

(V-아/어도 V-아/어도)

27. 가 : .... 씨 고향은 무엇이 유명해요?

나 : ....

(N은/는 A/V-기로 유명하다)

CD4 _ track 10

듣 기

I 다음을 잘 듣고 내용이 같은 것을 고르세요. (1-3)

1. ① 민수는 공부는 잘하지만 착하지는 않다.
   ② 민수는 공부는 잘하지 못하지만 마음씨는 좋다.
   ③ 민수는 공부를 잘하는 것은 물론이고 마음씨도 좋다.

2. ① 부모님의 반대 때문에 두 사람이 결혼하기로 했다.
   ② 부모님이 반대하셨지만 두 사람은 결혼하려고 한다.
   ③ 부모님이 반대하셔서 결혼을 결정하지 못하고 있다.

3. ① 이번 주는 토요일에만 시간이 있다.
   ② 이번 주는 토요일만 빼고 시간이 있다.
   ③ 시간 있는 날이 토요일인지 아닌지 모르겠다.

II 다음을 잘 듣고 어울리는 대답을 고르세요. (4-6)

4. ① 글쎄요, 이 책이 좋을 것 같은데요.
   ② 책을 많이 읽는 아이는 훌륭한 사람이 될 거예요.
   ③ 아이들이 그 책을 읽을 수 있는지 없는지 모르겠어요.

5. ① 네. 꼭 여행하도록 하겠어요.
   ② 네. 날짜뿐만 아니라 장소도 알려 드릴게요.
   ③ 네. 여행 갈 만한 곳을 신속하게 안내해 드리겠습니다.

6. ① 맞아요. 나이가 좀 많아 보이지요?
   ② 맞아요. 역시 나이 먹는 것은 어쩔 수 없는 것 같아요.
   ③ 맞아요. 그래서 사람들이 가끔 형을 제 동생으로 생각해요.

Ⅲ 다음 대화를 잘 듣고 질문에 맞는 답을 고르세요. (7-8)

7. ①  ②  ③ 

8. ① 김민우 씨 어머니는 프랑스 사람이다.
   ② 김민우 씨는 지금 프랑스에 살고 있다.
   ③ 김민우 씨는 어렸을 때부터 계속 한국에서 살고 있다.

Ⅳ 다음을 잘 듣고 질문에 맞는 답을 고르세요. (9-10)

9. ① 

② 

③ 

10. ① 이 회사는 서울에 많은 지점이 있다.
    ② 이 회사는 주말에 가 볼만한 곳이다.
    ③ 이 회사는 원하는 정보를 신속하게 알려 준다.

Ⅴ 다음을 잘 듣고 질문에 답하세요. (11-12)

11. (   )

12. ① 부모님은 건강이 좋으신 편이다.
    ② 나는 지금 강원도 속초에 살고 있다.
    ③ 나는 우리 부모님이 매우 훌륭하시다고 생각한다.

말하기

▶ **친구와 이야기해 보세요.**

1. 고향 친구에게 서울을 소개해 보세요.

(1) 고향 친구가 서울에 오면 어디에 데리고 가겠습니까?

(2) 그곳은 어디에 있습니까? 그곳에 가려면 뭘 타고 가야 합니까?

(3) 그곳에 가면 무엇을 할 수 있습니까?

2. 지금 우리 반에서 같이 공부하는 친구가 여러분 고향에 가려고 합니다. 친구에게 여러분 고향의 유명한 곳에 대해 소개해 보세요.

I 다음 문장과 뜻이 비슷한 것은 어느 것입니까? (1-3)

1. 집에 가는 길에 약국에 들러 약을 살까 해요.

① 약을 사려고 집에 가고 있어요.
② 약을 사러 일부러 가려고 해요.
③ 집에 가다가 약국에 들를 생각이에요.

2. 제 친구는 몸이 아픈데도 불구하고 공부를 열심히 해요.

① 친구가 공부를 열심히 해서 몸이 아파요.
② 친구가 몸이 아프지만 공부를 열심히 해요.
③ 친구가 몸이 아파서 제대로 공부를 할 수 없어요.

3. 할 일이 하도 많아서 해도 해도 끝이 없어요.

① 이 일은 하면 할수록 재미있어요.
② 할 일이 너무 많아서 일을 그만두었어요.
③ 일이 너무 많아서 아무리 해도 끝이 안 나요.

II 다음을 읽고 맞는 내용을 고르세요. (4-5)

4.

■ 주말 등산 일정 안내 ■

산악회	회비	행선지	참가 인원
소나무	5만 원	지리산	20명
무지개	10만 원	설악산	10명
메아리	2만 원	북한산	15명

※ 비가 오면 일정이 취소됩니다.

① 비가 와도 등산을 할 예정이다.
② 설악산에 가는 회비가 가장 비싸다.
③ 어디든지 참가할 수 있는 사람 수는 모두 같다.

5.

삼일절 기념식 안내

- 참가 자격 : 내외국인 누구나(신분증 필요)
- 참가 신청 : 서울시 홈페이지(http://www.seoul.go.kr)
- 행사 일시 : 2005년 3월 1일 오전 10시
- 행사 장소 : 광화문 세종문화회관 대강당

* 참가자에게 3·1 운동 기념 사진집을 드립니다.
* 기념식을 마친 후 탑골 공원에서 2부 행사가 있을 예정입니다. 자세한 일정은 서울시 홈페이지를 참고하시기 바랍니다.

① 기념식에는 한국 사람만 참가할 수 있다.
② 기념식에 갈 사람은 전화로 참가 신청을 하면 된다.
③ 내용을 자세히 알고 싶으면 서울시 홈페이지를 보면 된다.

III 다음은 무엇에 대한 광고입니까? (6-7)

6.

거울을 보기 싫으시다고요?
나이를 지우고 싶으세요?

그동안 값이 비싸서 못 쓰셨던 분들을 위해 값싸고 좋은 제품이 새로 나왔습니다.
하루 한 번만 써도 몰라보게 고와진 당신의 얼굴을 확인할 수 있습니다.

(   )

7.

밤늦게 집에 들어가도 걱정 없습니다.
이웃이 화를 낼까 봐 걱정할 필요도 없습니다.
소리가 아주 작아서 밤에 돌려도 문제없습니다.
가루비누도 필요 없습니다.
새로운 방법으로 깨끗하게 빨아 드립니다.
이제 당신의 생활이 더욱 편안해집니다.

(   )

IV 다음 글을 읽고 답하세요. (8)

이 꽃은 꽃이 피었을 때 모양이 머리가 흰 할머니 같다고 해서 '할미꽃'이라는 이름이 붙었다. 햇빛이 잘 들고 물이 별로 없는 곳을 좋아하며 나무가 많은 깊은 산보다는 강가나 낮은 산에 핀다. 꽃잎이나 뿌리는 배가 아플 때 약으로 쓰이기도 하는데 독이 있어서 잘못 먹으면 큰일 난다. 진한 향기가 나서 화장실에 두면 좋다.

8. 이 글을 읽고 알 수 없는 것은 무엇입니까?
① 이 꽃이 피는 때
② 이 꽃이 많이 피는 장소
③ 이 꽃의 이름이 생긴 이유

V 다음 글을 읽고 질문에 맞는 답을 찾으세요. (9-10)

내장산은 멋있는 바위와 폭포, 단풍으로 유명하며 특히 가을이 아름다운 산이다. 내장산의 가을을 대표하는 것은 역시 붉게 물든 단풍이다. 내장산을 오르면서 오른쪽을 내려다보면 아름다운 단풍나무들이 바다처럼 이어져 있다. 가을에는 내장산을 찾는 등산객이 너무 많아 입장하기 어려울 때도 있어서 미리 예약하고 가야 한다.

9. 무엇에 대한 글입니까?
① 내장산과 바다 ② 내장산의 단풍 ③ 내장산의 바위와 폭포

10. 가을에 내장산에 등산객이 많은 이유는 무엇일까요?
( )

VI 다음 시를 읽고 생각해 봅시다. (11)

나 하늘로 돌아가리라.
아름다운 이 세상 소풍 끝내는 날,
가서, 아름다웠더라고 말하리라…….

- 천상병의 '귀천' 중에서 -

11. 밑줄 친 '하늘로 돌아가리라'는 무슨 뜻일까요?
( )

1 '꽃'이라는 시와 '꽃'을 바꿔 쓴 '피아노'라는 시입니다. 읽어 보세요.

꽃

김춘수

내가 그의 이름을 불러 주기 전에는
그는 다만
하나의 몸짓에 지나지 않았다

내가 그의 이름을 불러 주었을 때
그는 나에게로 와서
꽃이 되었다

내가 그의 이름을 불러 준 것처럼
나의 이 빛깔과 향기에 알맞은
누가 나의 이름을 불러다오

그에게로 가서 나도
그의 꽃이 되고 싶다

우리들은 모두
무엇이 되고 싶다
너는 나에게 나는 너에게
잊혀지지 않는 하나의 눈짓이 되고 싶다

피아노

산드라

내가 그의 건반을 눌러 주기 전에는
그는 다만
하나의 피아노에 지나지 않았다

내가 그의 검은 건반을 눌러 주었을 때
그는 나에게로 와서
노래가 되었다

내가 그의 건반을 눌러 준 것처럼
나의 이 외로운 마음을 달래 줄
노래를 한 곡 불러다오

그에게로 가서 나도
그에게 기대고 싶다

우리들은 모두
무엇이 되고 싶다
나는 너에게 너는 나에게
믿고 의지할 수 있는 하나의 마음이 되고
싶다

11 '엄마야 누나야' 라는 시입니다. 여러분도 이 시를 바꿔 써 보세요.

엄마야 누나야

김소월

엄마야 누나야 강변 살자
뜰에는 반짝이는 금모래 빛
뒷문 밖에는 갈잎의 노래
엄마야 누나야 강변 살자

문법과 표현

1과

1) A/V-(으)ㄴ/는/(으)ㄹ 줄 몰랐다[알았다]
 ▶ 철수 씨가 저렇게 노래를 잘 부르는 줄 몰랐어요.
 N인 줄 몰랐다[알았다]
 ▶ 오늘이 철수 씨 생일인 줄 몰랐어요.
2) 참, S
 ▶ 참, 친구한테 전화를 걸어야 하는데 잊어버렸군요.
3) N을/를 빼다
 ▶ 고추장을 빼고 주세요. 매운 것을 잘 못 먹으니까요.
4) 사정이 있다
 ▶ 지영 씨는 사정이 있어서 갑자기 귀국했어요.

2과

1) 상을 받다[타다]
 ▶ 나는 한 번도 결석을 안 해서 개근상을 탔어요.
 월급을 받다[타다]
 ▶ 준영 씨가 월급을 그렇게 많이 받는 줄 몰랐어요.
2) A/V-다지요?
 ▶ 설악산에는 벌써 눈이 많이 왔다지요?
 -네, 그렇다고 해요.
 N(이)라지요?
 ▶ 내일이 쉬는 날이라지요?
 -네, 맞아요.
3) V-느라(고)
 ▶ 숙제를 하느라고 주말에 쉬지 못했어요.
4) N에 참석하다
 ▶ 친구 결혼식에 참석하느라고 지연 씨 생일 파티에 못 갔다.
5) N을/를 축하하는 뜻으로
 ▶ 입학을 축하하는 뜻으로 동생에게 가방을 사 주려고 합니다.
 V-(으)ㄴ/는 것을 축하[사과, 감사]하는 뜻으로
 ▶ 선생님께 감사하는 뜻으로 꽃을 드렸어요.

3과

1) N을/를 가져오다[가져가다]
 ▶ 축하하는 뜻으로 꽃을 사서 가져갑시다.
 N을/를 가지고 오다[가지고 가다]
 ▶ 낮에 비가 올 거라고 했으니까 우산을 가지고 가세요.
2) 한 N
 ▶ 이번 여행에 돈이 얼마쯤 있어야 할까?
 -한 7만 원쯤 필요할 거야.
3) N도(쯤)이/가 되다
 ▶ 낮에는 기온이 올라가서 한 32도쯤 될 거라고 했어요.
 N 개[권, 명, 살, 원](쯤) 되다
 ▶ 그 회사에 직원이 몇 명이나 있어요?
 -한 50명쯤 될 거예요.
4) A/V-(으)ㄹ 거라고[것이라고] 하다
 ▶ 이번 겨울이 별로 춥지 않을 거라고 해요.
5) V-자고 하다
 ▶ 친구가 저녁 때 만나자고 하는데 내가 일 때문에 안 된다고 했어요.
 V-지 말자고 하다
 ▶ 비가 오니까 등산 가지 말자고 했어요.
6) A-(으)냐고 하다[묻다] / V-느냐고 하다[묻다]
 ▶ 준석 씨가 나에게 이 책이 재미있냐고 했어요.
 N(이)냐고 하다[묻다]
 ▶ 이 동네에서 제일 맛있는 식당이 어디냐고 물어볼까요?

4과

1) **V-아/어 보니(까)**

▶ 선생님이 소개해 주신 사람을 만나 보니 어때요?
-만나서 얘기해 보니 마음에 들어요.

2) **A/V-대요**

▶ 마이클 씨는 매일 아침 한국 신문을 읽는대요.

A/V-(으)ㄹ 거래요

▶ 내일은 날씨가 흐릴 거래요. 하지만 모레는 다시 맑아질 거래요.

N(이)래요

▶ 일기 예보에서 뭐래요?
-다음 주부터 장마래요.

3) **낫다**

▶ 그동안 많이 아팠는데 이제는 병이 다 나았어요.

4) **A/V-아/어야 할 텐데**

▶ 내일 바다로 놀러 가기로 했어요. 날씨가 좋아야 할 텐데…….

5) **더구나**

▶ 주말엔 날씨가 나쁠 거래요. 더구나 태풍이 올 거래요.

6) **N 있으면 N(이)다**

▶ 10분 있으면 쉬는 시간이에요.

7) **N(이)랑**

▶ 민수 씨가 혼자 온대?
-아니, 친구랑 같이 온대.

5과

1) **얼마[누구, 어디, 언제, 무엇](이)라고 하다**

▶ 생일이 언제라고 했어요?
-10월 16일이라고 했어요.

2) **연락[편지, 전화, 소식]을/를 주다[드리다]**

▶ 게이코 씨, 일본에 도착하면 꼭 연락 주세요.

3) **어디나[누구나, 언제나, 무엇이나, 어느 것이나] (다)**

▶ 서울에는 어디나 사람이 많아요.

무슨[어느, 어떤] N(이)나 (다)

▶ 나는 무슨 음식이나 다 잘 먹어요.

4) **마찬가지(이)다**

▶ 건강하게 살고 싶은 것은 누구나 다 마찬가지이다.

6과

1) **V-(으)ㄹ 수 있을지 걱정이다**

▶ 비자를 빨리 받을 수 있을지 걱정입니다.

2) **V-(으)ㄴ 지(가) 얼마 안 되었다**

▶ 서울에 온 지가 얼마 안 되었어요.

V-(으)ㄴ 지(가) 오래되었다

▶ 그 친구를 만난 지 오래됐습니다.

3) **N 정도**

▶ 학교까지 얼마나 걸려요?
-1시간 정도 걸려요.

4) **N이/가 N에 포함되다**

▶ 책값이 등록금에 포함돼요?
-아뇨, 포함 안 돼요.

5) **A/V-(으)면 곤란하다**

▶ 전화를 너무 많이 쓰면 곤란해요.

7과

1) **V-기는 하늘의 별 따기다**

▶ 대통령을 만나 이야기하기는 하늘의 별 따기예요.

2) **한 N도 안[못] V**

▶ 63빌딩에 가 봤어요?
-아직 한 번도 못 가 봤어요.

3) **V-나 보다**

▶ 엄마가 음식을 하시나 봐요. 맛있는 냄새가 나요.

A-(으)ㄴ가 보다

▶ 박 선생님이 이번 주엔 바쁘신가 봐요. 다음 주에 만나자고 하셨어요.

N인가 보다

▶ 이 차가 영미 씨가 새로 산 차인가 봐요.

4) A/V-다고 듣다

▶ 그 식당 음식이 맛있다고 들었어요.

A/V-(으)ㄹ 거라고 듣다

▶ 새로 짓는 도서관이 크고 좋을 거라고 들었어요.

N(이)라고 듣다

▶ 떡국은 설날에 먹는 음식이라고 들었어요.

5) A/V-(으)ㄴ/는데 어떡하죠?

▶ 식당에 자리가 없는데 어떡하죠?
-다른 식당에 갑시다.

6) N이/가 엉망이다

▶ 듣기 시험 성적이 엉망이었어요.

8과

1) V-이/히/리/기

▶ 바다가 보입니다.

2) A/V-(으)ㄴ/는 편이다

▶ 올해는 좀 더운 편이지요.

9과

1) 언제든지[어디든지, 누구든지, 무엇이든지]

▶ 요즘은 어디든지 차가 막혀요.

2) 여쭈다 / 여쭙다

▶ 잘 모르면 선생님께 여쭤 보세요.

3) A/V-(으)ㄴ/는/(으)ㄹ 모양이다

▶ 소나기가 내릴 모양이에요. 갑자기 하늘이 어두워지네요.

4) 우선

▶ 배고프니까 우선 식사부터 합시다.

5) V-는 대신

▶ 맥주를 마시는 대신 차나 한잔 합시다.

6) V-는 법

▶ 김치 담그는 법을 배우고 싶습니다.

10과

1) 아무리 A/V-아/어도

▶ 아무리 바빠도 꼭 오세요.

2) A/V-ㅂ/습니다만

▶ 죄송합니다만 잠시 기다려 주시겠어요?

3) N을/를 아끼다

▶ 이 가방은 내가 가장 아끼는 물건이야.

N을/를 아껴(서) 쓰다

▶ 물과 전기를 아껴서 씁시다.

4) A/V-거든요

▶ 벌써 자요?
-내일 일찍 일어나야 하거든요.

5) 어디엔가 / 어디에선가

▶ 저 사람을 어디에선가 본 것 같은데 생각이 안 나는군요.

6) V-아/어 두다

▶ 추석 때 고향에 가려면 기차표를 미리 사 둬야 해요.

11과

1) N(이)라도

▶ 배가 고프니까 우선 빵이라도 먹읍시다.

2) N와/과 친하다

▶ 지연이는 내 동생과 제일 친한 친구래요.

3) 가만있어 보다

▶ 지금 중요한 뉴스가 나오니까 좀 가만있어 봐요.

4) N(이)구나

▶ 방이 엉망이구나!

A-구나

▶ 오늘은 정말 덥구나!

V-는구나

▶ 아이들이 아이스크림을 정말 잘 먹는구나.

5) V-아/어야겠다

▶ 늦어서 이제 집에 가야겠어요.

6) **아무 N도**

▶ 아무 문제도 없을 테니까 걱정하지 마세요.

아무것도, 아무 데도, 아무도

▶ 무엇을 샀어요?

-아무것도 안 샀어요.

7) **A/V-(으)ㄴ/는/(으)ㄹ 데**

▶ 싸고 좋은 옷을 파는 데가 어딘지 아세요?

8) **N을/를 지키다**

▶ 약속을 안 지키는 사람은 아무도 좋아하지 않아요.

9) **틀림없이**

▶ 그 옷을 꼭 찾아 주세요.

-틀림없이 찾아 놓을 테니 걱정 마세요.

12과

1) **N이/가 나오다**

▶ 라디오에서 내가 좋아하는 음악이 나왔다.

2) **V-(으)ㄴ 후(에)**

▶ 한국에 온 후에 한 번도 영화 구경을 못 했어요.

N 후(에)

▶ 이틀 후에 다시 오세요.

3) **V-기(를) 바라다**

▶ 잠시 기다려 주시기 바랍니다.

4) **운이 좋다[나쁘다]**

▶ 운이 좋으면 택시를 금방 잡을 수 있을 거야.

5) **계속(해서)**

▶ 쉬지 않고 계속해서 일을 하니까 너무 힘들어요.

N을/를 계속하다

▶ 저는 한국어 공부를 계속하려고 합니다.

6) **V-자마자**

▶ 밥을 먹자마자 이를 닦는 게 좋대요.

13과

1) **V-(으)ㄴ/는 대로**

▶ 약속한 대로 한 달에 한 번 모입시다.

N대로

▶ 설명서대로 했지만 잘 안 돼요.

2) **N을/를 하다**

▶ 점심엔 가끔 국수를 해요.

3) **V-(으)ㄹ 거냐고 하다[묻다]**

▶ 선생님께서 무엇에 대해서 발표할 거냐고 제게 물어보셨어요.

4) **N에는 N이/가 좋다**

▶ 감기에는 오렌지 주스가 좋아요.

V는 데(에)는 N이/가 좋다

▶ 국수를 먹는 데에는 나무젓가락이 좋아요.

5) **N에 N을/를 넣다**

▶ 커피에 설탕을 넣지 말고 주세요.

6) **N에[와/과] N을/를 섞다**

▶ 까만색과 하얀색을 섞으면 회색이 됩니다.

14과

1) **N에[에게] 달려 있다**

▶ 이 일의 성공은 너에게 달려 있다.

A/V-고 못[안] A/V-(으)ㄴ/는 것은 N에[에게] 달려 있다

▶ 성공하고 못 하는 것은 노력하기에 달려 있다.

2) **N이/가 연하다**

▶ 고기가 연해서 맛이 있어요.

3) **A/V-아/어야 A/V**

▶ 문이 닫혀야 지하철이 떠납니다.

15과

1) **N에다(가)**

▶ 내일 오후에 사무실에다 전화해서 알아보세요.

2) **N(이)라고 해서 A/V-(으)ㄴ/는 것은 아니다**

▶ 시장이라고 해서 다 싼 건 아니다.

3) **A/V-다[(으)라/자/냐]고요? / N(이)라고요?**

▶ 시험이 어려웠어요.

-시험이 어려웠다고요?

-네, 시험이 어려웠다고요.

4) **들다**

▶ 요즘 생활비가 많이 들어서 죽겠어요.

V-는 데(에) N이/가 들다

▶ 이사하는 데 비용이 많이 들었어요.

5) **N(이)면 충분하다**

▶ 산꼭대기까지 1시간 반이면 충분해요.

A/V-(으)면 충분하다

▶ 저는 하루에 5시간 자면 충분해요.

16과

1) **V-고 있다**

▶ 안경을 끼고 있는 분이 우리 선생님이에요.

V-고 가다[오다, 다니다]

▶ 산에 갈 때는 모자를 쓰고 가세요.

2) **데리고 가다[오다]**

▶ 친구를 데리고 극장에 갈 거예요.

3) **장난이 심하다**

▶ 장난이 심한 아이를 장난꾸러기라고 해요.

4) **아이[집]을/를 보다**

▶ 아이 보는 일이 쉽지 않다고 합니다.

5) **그렇지 않아도**

▶ 이번 방학에 제주도에 같이 갈까요?

-좋아요. 그렇지 않아도 제주도에 가 보고 싶었어요.

6) **V-(으)ㄹ까 하다**

▶ 커피 대신 우유를 마실까 해요.

17과

1) **V-이/히/리/기/우**

▶ 고양이가 쥐를 죽였어요.

2) **아무 N(이)나**

▶ 우리 언니는 아무 옷이나 입어도 잘 어울려요.

아무거나, 아무 데나, 아무나

▶ 뭘 살까요?

-아무거나 삽시다.

18과

1) **V-(으)ㄹ 생각도 못 하다**

▶ 일이 많아서 여행 갈 생각도 못 합니다.

2) **하도 A/V-아/어서**

▶ 날씨가 하도 좋아서 공원에 갔다 왔어요.

3) **V-(으)ㄹ까 말까 하다**

▶ 하숙집을 옮길까 말까 해요.

4) **V-(으)ㄹ 걸 (그랬다)**

▶ 갑자기 손님이 올 줄 알았으면 미리 청소를 해 놓을 걸 그랬어요.

5) **N 때만 되면**

▶ 시험 때만 되면 도서관에 자리가 없어요.

V-(으)ㄹ 때만 되면

▶ 저는 시험 볼 때만 되면 떨려요.

6) **V-(으)ㄹ 생각[계획, 예정]이다**

▶ 그 양복은 세탁소에 맡길 생각이에요.

19과

1) **A/V-았/었을 때**

▶ 할아버지가 돌아가셨을 때 너무 슬펐어요.

2) **N끼리**

▶ 이번 등산은 학생들끼리 가려고 합니다.

3) **N이/가 넘도록[되도록, 지나도록]**

▶ 밤 12시가 넘도록 남편이 안 들어왔어요.

4) **N이/가 넘다**

▶ 벌써 아홉 시가 넘었네요!

V-(으)ㄴ 지(가) N이/가 넘다

▶ 이사한 지가 일 년이 넘었군요.

5) A/V-다는 말[얘기, 소식, 소문]을 듣다

▶ 철수 씨가 곧 독일로 유학 떠난다는 말을 들었어요.

A/V-(으)ㄹ 거라는 말[얘기, 소식, 소문]을 듣다

▶ 그 백화점이 곧 문을 닫을 거라는 소문을 들었다.

6) N에 자신이 있다[없다]

▶ 공부에는 자신이 없지만 운동에는 자신이 있어요.

V-는 데(에) 자신이 있다[없다]

▶ 요리하는 데에는 자신이 없지만 설거지하는 데에는 자신이 있어요.

20과

1) V-게 하다

▶ 선생님께서 그 학생에게 책을 읽게 하셨다.

2) 이[그, 저]럴 수(가) 있어요?

▶ 왜 한 시간이나 늦었어요? 정말 이럴 수 있어요?

3) A/V-다는 게 말이 돼요?

▶ 연락도 없이 안 온다는 게 말이 돼요?

N(이)라는 게 말이 돼요?

▶ 그게 다 거짓말이라는 게 말이 돼?

4) A/V-았/었어야 하는데[했는데]

▶ 수료식에 꼭 참석했어야 하는데, 못 해서 미안해요.

5) A/V-잖아요

▶ 나가지 맙시다. 밖이 아주 춥잖아요.

6) V-던 N

▶ 내가 마시던 커피를 누가 버렸니?

7) 어쩔 수(가) 없다

▶ 다른 약속이 있어서 어쩔 수가 없군요. 못 가서 미안해요.

8) A/V-기는 틀렸다

▶ 오늘도 집에 일찍 가기는 틀렸어요. 일이 너무 많으니까요.

21과

1) N을/를 풀다

▶ 내가 수수께끼를 낼 테니까 한번 풀어 보세요.

2) N을/를 내다

▶ 수수께끼를 하나 내겠어요.

3) 혹시

▶ 혹시 주말에 시간 있어요?

-왜요?

-혹시 시간 있으면 같이 영화나 볼까 해서요.

4) A/V-(으)ㄹ걸요

▶ 그 책은 외국 학생이 읽기에 좀 어려울걸요.

A/V-았/었을걸요

▶ 마이클 씨는 어렸을 때 장난이 꽤 심했을걸.

5) A/V-(으)면 A/V-(으)ㄹ수록

▶ 외국어는 배우면 배울수록 어려운 것 같아요.

N일수록

▶ 급한 일일수록 천천히 하는 게 좋아요.

6) A/V-기는 하지만[하겠지만, 했지만]

▶ 한국말 공부가 재미있기는 하지만 어려워요.

A/V-기는 A/V-지만

▶ 그 책을 읽기는 읽었지만 지금은 다 잊어버렸다.

7) N-씩

▶ 이 약은 한 번에 두 알씩 드세요.

8) 돌아가며[돌아가면서]

▶ 오른쪽부터 돌아가면서 한 문장씩 읽어 봅시다.

22과

1) N은/는 왜요?

▶ 사진을 찍었어요.

-사진은 왜요?

-여권에 필요해서요.

2) 몇 N[누구, 어디, 무엇]

▶ 나는 한국 친구가 몇 명 있어요.

3) **어디에[무엇에] 쓰다**

▶ 이 고기를 어디에 쓰려고 해요?

–불고기를 만드는 데 쓰려고 해요.

4) **V-지 그래요?**

▶ 어려우면 형에게 물어보지 그래요?

5) **그래도**

▶ 숙제하기가 싫은데 어떡하지요?

–그래도 해야지요.

6) **N이/가 (N보다) 낫다**

▶ 이 사진이 훨씬 나은데요.

V-는 게[것이] V-는 것보다 낫다

▶ 시간이 없으면 즉석 사진을 찍는 것이 나을걸요.

7) **사진이 나오다**

▶ 날씨가 좋아서 사진이 잘 나왔어.

8) **V-(으)ㄹ 뻔하다**

▶ 나는 차 안에 가방을 두고 내릴 뻔했어요.

23과

1) **툭하면**

▶ 요즘 툭하면 화를 내는데 왜 그러세요?

2) **고장이다**

▶ 우리 교실 문이 고장인데 좀 고쳐 주시겠어요?

고장(이) 나다

▶ 고속도로에서 차가 고장 나서 사고 날 뻔했어요.

3) **N을/를 켜다**

▶ 방이 추우니까 난로를 켭시다.

N을/를 끄다

▶ 아까 집에서 나올 때 컴퓨터를 껐어요?

N을/를 돌리다

▶ 영화가 재미없는데 채널을 돌려 볼까요?

N을/를 틀다

▶ 뉴스 할 시간인데 라디오 좀 틀어 보세요.

4) **V-았/었다가**

▶ 지하철을 탔다가 잘못 타서 얼른 내렸어요.

5) **A/V-았/었는데도**

▶ 어제 그것을 배웠는데도 벌써 잊어버렸어요.

A/V-(으)ㄴ/는데도

▶ 찌개가 매운데도 아이가 잘 먹어요.

N인데도

▶ 하도 일이 많아서 일요일인데도 회사에 갔어요.

6) **무슨 소리예요?**

▶ 술 좀 마시러 가야겠어요.

–무슨 소리예요? 술 마실 줄 모르잖아요.

7) **V-기 위해(서)**

▶ 학비를 벌기 위해서 아르바이트를 할 생각입니다.

N을/를 위해(서)

▶ 아버지는 가족을 위해서 열심히 일하십니다.

8) **할 수 없다**

▶ 갑자기 일이 생겨서 못 가겠어.

–할 수 없지. 다음엔 꼭 약속 지켜.

24과

1) **N(이)라고[냐고] 그랬다**

▶ 이 냉장고가 새거라고 그랬어요?

V-다고[느냐고, (으)라고, 자고] 그랬다

▶ 라디오에서 내일부터 눈이 많이 온다고 그랬습니다.

A-다고[(으)냐고] 그랬다

▶ 일기 예보에서 내일부터 추워진다고 그랬어요.

2) **A/V-더니**

▶ 어제는 정말 덥더니 오늘은 좀 시원해졌어요.

N(이)더니

▶ 작년엔 내 생일이 토요일이더니 올해는 일요일이다.

3) **그것 보세요.**

▶ 감기 걸린 것 같아요.

–그것 보세요. 추우니까 옷을 더 입으라고 그랬잖아요.

4) **N 같은 N**

▶ 그건 정말 바보 같은 생각이야.

5) **손을 보다**

▶ 이 기계는 고장입니다. 손을 봐야 해요.

25과

1) N(이)라는 N

▶ '사람의 아들' 이라는 소설을 읽고 있어요.

2) 한두[두세, 서너] N

▶ 한두 시간이면 끝나니까 기다려 주세요.

3) V-았/었던 N

▶ 일 년 동안 예금했던 돈을 오늘 모두 찾았습니다.

4) N을/를 사귀다

▶ 나는 사람들을 쉽게 사귀는 편입니다.

N와/과 사귀다

▶ 그 사람과 언제부터 사귀었어요?

5) V-아/어 오다[가다]

▶ 나는 그 사람과 10년 동안 사귀어 왔어요.

다 V-아/어 가다

▶ 숙제가 다 끝나 가요.

26과

1) V-(으)려면 멀었다

▶ 한국말을 한국 사람같이 하려면 아직 멀었어요.

2) A-아/어하다

▶ 이 선물을 받으면 누구나 기뻐할 거예요.

3) 내가 듣기[보기, 생각하기, 알기]에(는)

▶ 내가 듣기에는 하숙 생활도 재미있다고 하던데요.

4) 게다가

▶ 오늘은 지각을 했어요. 게다가 시험도 못 봤어요.

5) 눈이 높다

▶ 우리 언니는 눈이 높아서 아무나 사귀지 않아요.

6) A/V-다고 하던데요

▶ 그 사람이 똑똑하다고 하던데요. 정말입니까?

N(이)라고 하던데요

▶ 약속 날짜가 22일이라고 하던데요.

27과

1) (N에게) 야단을 맞다[치다]

▶ 유리잔을 깨뜨려서 어머니께 야단을 맞았어요.

2) V-자 V

▶ 내가 방에 들어가자 전화가 울렸어요.

3) A/V-(으)ㄹ까 봐(서)

▶ 날씨가 추울까 봐 옷을 많이 입었어요.

4) 얼마나 A/V-(으)ㄴ/는데

▶ 어머니가 장미꽃을 얼마나 좋아하시는데! 많이 사서 어머니께 드릴 거야.

5) V-(으)라는 대로

▶ 어머니가 하라는 대로 김치를 담가 보았어요.

6) V-는 중이다

▶ 친구들이 안 와서 기다리는 중이에요.

N 중이다

▶ 사무실에 전화해 보니 통화 중이에요.

7) 기(가) 막히다

▶ 너무 기가 막혀서 말이 안 나오는군요.

28과

1) 만약[만일](에) A/V-ㄴ/는다면

▶ 만약에 복권에 당첨된다면 뭘 하겠어요?

만약[만일](에) N(이)라면

▶ 만일에 선생님이 저라면 어떻게 하시겠어요?

2) N이/가 생기다

▶ 사정이 생겨서 참석하지 못했습니다.

3) V-지요, 뭐

▶ 바쁘니까 오늘은 그냥 가지, 뭐.

4) 그만 V

▶ 그만 놀아. 내일 시험이잖아.

5) V-고 말다

▶ 서둘러서 공항에 갔지만 비행기가 떠나고 말았다.

29과

1) N(으)로부터

▶ 애인으로부터 좋은 선물을 받았어요.

2) 웬 N

▶ 밤 12시에 웬 전화가 와서 자다가 깼어요.

웬일이다

▶ 웬일이세요? 오늘은 공휴일인데.

3) A/V-다니

▶ 6월에 눈이 오다니 정말 신기해요.

N(이)라니요?

▶ 그 사람이 준석 씨 애인이니?
-애인이라니? 그냥 친구야.

4) A/V-(으)ㄴ/는 척하다

▶ 그 친구는 나를 모르는 척했어요.

5) V-지 못해요?

▶ 빨리 내려오지 못해요?

6) N 모르게[몰래] V

▶ 어머니 몰래 생신 선물을 준비해 두었어요.

7) 소리를 지르다

▶ 너무 무서워서 나도 모르게 소리를 질렀어요.

30과

1) N에 관한 N

▶ 한국 문화에 관한 책을 구할 수 있을까요?
-도서관에 가면 그것에 관한 책이 많을 거예요.

N에 관해(서) V

▶ 전통 악기에 관해서 설명해 주세요.

2) V-고자

▶ 사람들은 누구나 잘 살고자 열심히 일을 합니다.

V-고자 하다

▶ 오늘은 여러분에게 한국 영화에 대해서 말씀드리고자 합니다.

3) N은/는 물론(이고) N도

▶ 그 학생은 말하기는 물론 쓰기도 잘해요.

4) N, N 등

▶ 내가 좋아하는 과일은 사과, 포도, 수박 등이다.

5) V-거나 아니면

▶ 아침에 학교에 올 때 버스를 타거나 아니면 걸어서 와요.

6) V-도록

▶ 학교에 늦지 않도록 서두르세요.

7) 최선을 다하다

▶ 최선을 다해서 일하고 있어요.

8) V-는 길에

▶ 학교에 오는 길에 옛날 친구를 만났어요.

31과

1) V-(으)ㄹ 만하다

▶ 냉면은 겨울에도 먹을 만해요.

V-(으)ㄹ 만한 N

▶ 제주도는 한번 가 볼만한 곳입니다.

2) V-아/어지다

▶ 약속 날짜가 정해지면 연락해 주세요.

3) A/V-(으)ㄹ 뿐(만) 아니라

▶ 한국의 여름은 몹시 더울 뿐만 아니라 비도 많이 와요.

N뿐(만) 아니라

▶ 하숙비뿐만 아니라 교통비도 올랐어요.

4) N에도 불구하고

▶ 부모님의 심한 반대에도 불구하고 그 두 사람은 결혼하기로 했다.

A/V-(으)ㄴ/는데도 불구하고

▶ 몸이 아픈데도 불구하고 학교에 왔어요.

5) N에 비해(서)

▶ 그 사람은 나이에 비해 어려 보여요.

32과

1) V-았/었더니

▶ 어제 잠을 못 잤더니 참 피곤하네요.

A/V-다고[냐고, 자고, 라고] 했더니 A/V-다고[냐고, 자고, 라고] 했어요

▶ 시작이 몇 시냐고 했더니 9시라고 했어요.

2) N이/가 일어나다

▶ 1950년 6월 25일에 한국 전쟁이 일어났다.

3) N을/를 기념하다

▶ 한글을 만든 날을 기념하기 위해서 한글날을 정했어요.

4) A/V-(으)ㄴ/는지 안[못] A/V-(으)ㄴ/는지

▶ 그 소문이 맞는지 틀리는지 모르지만 그 회사가 곧 망할 거래요.

N-인지 아닌지

▶ 그 소문이 사실인지 아닌지 알아봐야 해요.

5) V-고 보니

▶ 버스에 타고 보니 잘못 타서 얼른 내렸어요.

6) 생각이 들다

▶ 한국 젊은이들과 얘기해 보니까 어떤 생각이 들어요?

33과

1) N 출신이다

▶ 이 회사에는 서울대학교 출신이 많아요.

2) V-아/어도 V-아/어도

▶ 해도 해도 할 일이 남아 있어요.

3) N뿐이다

▶ 이 세상에서 나를 이해해 주는 사람은 당신뿐이에요.

V-(으)ㄹ 뿐이다

▶ 저는 사실을 얘기할 뿐이에요.

V-(으)ㄹ 뿐

▶ 애인이 있냐고 묻자 내 친구는 웃을 뿐 대답을 안 했다.

4) N에[에게] 반하다

▶ 한국 문화에 반해서 한국에서 살기로 했어요.

5) N-답다

▶ 최 교수님은 정말 학자다운 분이세요. 항상 연구만 하세요.

6) N은/는 그만두고

▶ 그 얘기는 그만두고 재미있는 얘기나 합시다.

7) 역시

▶ 이 식당이 설렁탕으로 유명하대요.
-먹어 보니 역시 맛있군요.

8) N은/는 N(으)로 유명하다

▶ 제주도는 아름다운 경치로 유명합니다.

N은/는 A/V-기로 유명하다

▶ 그 식당은 냉면을 잘하기로 유명해요.

듣기 지문

1과-4과 듣기 복습

I. 다음을 잘 듣고 내용이 같은 것을 고르세요. (1-3)

1. 요즘 회사 일이 너무 많아요. 어제도 늦게까지 일하느라고 잠을 잘 못 잤어요.
2. 서울에는 사람도 많고 건물도 많고 차도 많다고 들었지만 이렇게 복잡할 줄 몰랐어요.
3. 준석 씨는 사정이 있어서 제 생일 파티에 참석하지 못 한대요. 그래서 사과하는 뜻으로 다음 주말에 한턱내겠대요.

II. 다음을 잘 듣고 어울리는 대답을 고르세요. (4-6)

4. 준석 씨, 동생 졸업식이 모레라지요?
5. 마이클에게 전화해 보니까 뭐라고 하니?
6. 바바라 씨는 언제 독일로 돌아간대요?

III. 다음 대화를 잘 듣고 질문에 맞는 답을 고르세요. (7-8)

7. 가 : 마이클 씨, 좀 어떠세요? 괜찮으세요?
   나 : 이제 많이 나았어요. 와 주셔서 고마워요.
   가 : 아니에요. 마이클 씨가 학교에 안 와서 친구들과 선생님 모두 걱정하고 있어요.
   나 : 아마 내일쯤 집에 갈 거예요. 의사 선생님께서 열이 내리면 집에 가도 괜찮다고 하셨어요. 그럼 월요일부터는 학교에 갈 수 있을 거예요.

[문제] 지금 대화하는 곳은 어디입니까?

8. 가 : 프엉 씨, 오랜만이에요. 잘 지냈어요?
   나 : 네, 마틴 씨. 반가워요.
   가 : 프엉 씨는 방학 동안 고향에 갔다 왔어요?
   나 : 아니요. 바빠서 못 갔어요. 마틴 씨는요?
   가 : 저도 아르바이트하느라 못 갔어요. 그런데 프엉 씨도 이번 학기 등록했지요?
   나 : 네. 교실이 2층이라고 했는데…….
   가 : 저도 지금 찾고 있어요. 같이 가 봅시다.

[문제] 오늘은 며칠일까요? 달력을 보고 찾으세요.

IV. 다음을 잘 듣고 질문에 맞는 답을 고르세요. (9-10)

오늘 날씨는 아주 맑겠습니다. 아침 최저 기온은 영하 1도, 낮 최고 기온은 10도쯤 되겠습니다. 내일은 오전에 비가 조금 오겠습니다. 아침 최저 기온은 영하 3도로 조금 춥겠지만 낮에는 12도까지 올라가는 따뜻한 날씨가 되겠습니다. 모레인 토요일에는 날씨가 다시 추워지겠습니다. 아침 최저 기온은 영하 5도까지 내려가고 오후에는 바람이 많이 불고 눈도 내리겠습니다.

9. 오늘과 내일의 기온으로 맞는 것은 어느 것입니까?
10. 토요일에 입을 옷으로 어울리는 것은 무엇입니까?

V. 다음을 잘 듣고 질문에 답하세요. (11-12)

가 : 선생님, 저 내일 학교에 못 와요.
나 : 왜요? 무슨 사정이 있어요?
가 : 네. 내일 일본에서 부모님이 한국에 오시기 때문에 공항에 나가야 해요.
나 : 아, 그래요. 부모님이 한국에 처음 오시나요?
가 : 아니요. 작년에도 오신 적이 있었어요. 그때 제주도만 빼고 다 구경하셨어요. 그래서 이번에는 제주도에 꼭 가고 싶으시대요. 주말에 제주도에 모시고 가려고요.
나 : 네. 그런데 오늘 아침에 라디오 들으니까 주말쯤에 제주도에 태풍이 온대요.
가 : 큰일이네요. 날씨가 좋아야 할 텐데…….

11. 이 사람은 내일 어디에 갑니까? 쓰세요.
12. 대화 내용과 맞는 것은 무엇입니까?

5과－8과 듣기 복습

Ⅰ. 다음을 잘 듣고 내용이 같은 것을 고르세요. (1-3)

1. 지연 씨가 만든 음식은 무엇이나 다 맛있어요.
2. 그 사람을 안 지가 얼마 안 되었어요.
3. 나는 제주도에 한 번도 못 가 봤어요.

Ⅱ. 다음을 잘 듣고 어울리는 대답을 고르세요. (4-6)

4. 택시가 안 잡히는데 어떡하지요?
5. 무슨 신문이 잘 팔려요?
6. 한국 음식을 좋아하세요?

Ⅲ. 다음 대화를 잘 듣고 질문에 맞는 답을 고르세요. (7-8)

7. 가 : 이사할 집을 구해야 하는데…….
   나 : 집을 사려고요?
   가 : 아니요. 전세로 빌리려고요. 월세는 많은데 전세가 별로 없네요.
   나 : 요즘 전세 찾기가 어렵다고 들었어요.

[문제] 이 남자가 찾고 있는 집은 어떤 집입니까?

8. 가 : 우리 교실은 참 넓고 좋아요. 그리고 공부에 필요한 것은 무엇이나 다 있어요.
   나 : 그래요? 카세트도 있어요?
   가 : 네. 선생님 책상 위에 언제나 놓여 있어요.
   나 : 시계도 있어요?
   가 : 그럼요. 교실 뒤 벽에 걸려 있어요.
   나 : 교실은 조용한 편이에요?
   가 : 큰길 옆에 있어서 차 소리가 들려요. 하지만 창문을 닫으면 괜찮아요. 보통 창문은 닫혀 있어요.

[문제] 다음 중 이 사람이 공부하는 교실은 어디일까요?

Ⅳ. 다음을 잘 듣고 질문에 맞는 답을 고르세요. (9-10)

가 : 어서 오세요.
나 : 저, 하숙방을 구하려고 왔는데요.
가 : 네, 그러세요? 학교 근처에 있는 방이 좋겠네요.
나 : 네. 하지만 학교 앞은 비싸겠지요?
가 : 아니에요. 꼭 그렇지도 않아요. 지하철역이 가까운 곳이 더 비싸요. 하지만 지금은 학교 근처에 하숙방이 별로 없어요. 곧 개학이잖아요.
나 : 그렇군요.
가 : 어디 찾아봅시다. 학교 앞에 좋은 집이 하나 있네요.
나 : 하숙비가 얼마지요?
가 : 혼자 쓰는 방인데 한 달에 40만 원이에요. 깨끗하고 조용하대요.
나 : 아주머니가 음식을 잘하실지 걱정이에요.
가 : 하숙집 아주머니들은 보통 다 음식은 잘하세요. 아침과 저녁을 준다고 하네요.
나 : 전기 요금은 하숙비에 포함되겠지요?
가 : 하숙집마다 달라요. 그런데 이 집은 하숙비에 전기 요금이 포함되네요.
나 : 그리고 욕실이 없으면 곤란한데…….
가 : 아마 있을 거예요. 요즘 하숙집은 어디나 다 깨끗하고 잘 돼 있어요.

9. 아저씨가 소개해 준 하숙집에 대한 내용입니다. 맞는 내용에 표시하세요.
10. 대화 내용과 맞는 것은 어느 것입니까?

Ⅴ. 다음을 잘 듣고 질문에 답하세요. (11-12)

나는 어제 김 선생님 댁 집들이에 갔다. 친구들과 함께 꽃을 사고 작은 케이크도 하나 샀다. 집들이에는 성냥이나 가루비누를 사 간다고 들었지만 우리들은 그것보다 꽃과 케이크가 더 좋을 것 같아서 그것을 사 갔다. 김 선생님은 아파트를 팔고 지금의 주택으로 이사하셨다고 한다. 아파트보다 꽃과 나무가 많은 주택이 좋아서 그렇게 하셨다고 했다. 김 선생님께서는 집이 정리가 안 돼서 엉망이라고 말씀하셨지만 집은 정리가 잘 돼 있었다. 우리는 맛있는 음식을 먹고 차도 마시며 재미있게 놀았다. 아주 즐거운 하루였다.

11. 집들이 선물로 무엇을 사 가지고 갔습니까? 쓰세요.

12. 다음 중 들은 내용과 맞는 것은 어느 것입니까?

9과 – 12과 듣기 복습

I. 다음을 잘 듣고 내용이 같은 것을 고르세요. (1–3)

1. 이메일 주소를 쓰는 대신 전화번호를 써도 돼요.
2. 이번 주말엔 아무 약속도 안 하고 집에서 쉴 거예요.
3. 하숙방을 구하자마자 더 싸고 좋은 방이 나왔어요. 운이 나쁜 것 같아요.

II. 다음을 잘 듣고 어울리는 대답을 고르세요. (4–6)

4. 마이클 씨, 왜 그렇게 피곤해 보여요?
5. 시계를 사자마자 잃어버렸어요.
6. 아무리 기다려도 택시가 안 오는데 어떡하죠?

III. 다음 대화를 잘 듣고 질문에 맞는 답을 고르세요. (7–8)

7. 가 : 아저씨, 제가 지난주에 맡긴 옷 찾으러 왔어요.
   나 : 네. 무슨 옷을 맡기셨죠?
   가 : 빨간색 원피스와 회색 바지를 맡겼어요. 아저씨가 오늘 오라고 하셨어요.
   나 : 아, 예. 잠시만 기다려 주세요. 여기 있습니다.
   가 : 얼마예요?
   나 : 원피스가 6천 원, 바지가 4천 원이니까 모두 만 원이네요.

[문제] 지금 이야기하고 있는 곳은 어디입니까?

8. 가 : 손님, 비밀 번호를 안 쓰셨네요. 용지에 비밀 번호를 써 주세요.
   나 : 오랫동안 사용하지 않아서 비밀 번호를 잊어버렸는데 어떡하죠?
   가 : 그럼 주민등록증을 주세요. 그리고 100만 원을 어떻게 드릴까요?
   나 : 모두 만 원짜리로 주세요.
   가 : 네, 여기 있습니다. 맞는지 확인해 보세요.
   나 : 감사합니다.

[문제] 이 남자는 지금 무엇을 하고 있습니까?

IV. 다음을 잘 듣고 질문에 맞는 답을 고르세요. (9–10)

주민 여러분께 알려 드립니다. 우리 아파트는 수도 공사로 16일 오전 10시부터 17일 저녁 8시까지 물이 나오지 않겠습니다. 필요한 물을 미리 받아 놓으시기 바랍니다. 대단히 죄송합니다. 다시 한 번 말씀드리겠습니다. 우리 아파트는 수도 공사로 16일 오전 10시부터 17일 저녁 8시까지 물이 나오지 않겠습니다. 필요한 물을 미리 받아 놓으시기 바랍니다. 관리실에서 말씀드렸습니다.

9. 어디에서 들을 수 있는 말입니까?
10. 물이 나오지 않는 때는 언제입니까?

V. 다음을 잘 듣고 질문에 답하세요. (11–12)

외국인 친구가 한국에 놀러 왔다. 그 친구가 대학생들이 많이 가는 데에 가 보고 싶다고 해서 신촌에 가기로 했다. 그래서 우리는 신촌 지하철역 3번 출구 앞에서 만나기로 했다. 약속 시간 30분 전에 그 친구에게 '아무 문제 없이 잘 가고 있다'는 전화가 왔다. 그런데 약속 장소에 도착해서 아무리 찾아도 친구가 보이지 않았다. 그 친구에게 전화를 해서 왜 안 오냐고 하니까 친구는 10분 전부터 계속 기다리고 있다고 했다. 친구는 자기가 어디에 있는지 잘 설명할 수 없어서 지나가는 한국 사람을 바꿔 주었다. 그 사람이 큰 소리로 말했다. "여기는 시청역 3번 출구입니다."

11. 만나기로 약속한 장소는 어디입니까? 쓰세요.
12. 나는 왜 친구와 못 만났습니까?

13과–17과 듣기 복습

I. 다음을 잘 듣고 내용이 같은 것을 고르세요. (1–3)

1. 그렇지 않아도 커피를 마실까 했어요.

2. 조카라고 해서 언제나 귀여운 것은 아니에요. 장난이 너무 심할 때는 없는 게 좋겠다고 생각한 적도 있어요.
3. 의사 선생님께서 아이에게 아무것도 먹이면 안 된다고 하셨어요.

II. 다음을 잘 듣고 어울리는 대답을 고르세요. (4-6)

4. 이 세탁기 사용하는 법 아세요?
5. 운동화를 살까 하는데 백화점에 같이 갈래?
6. 한국 사람들은 다 김치를 잘 먹지요?

III. 다음 대화를 잘 듣고 질문에 맞는 답을 고르세요. (7-8)

가 : 거기 이삿짐센터지요? 제가 이사를 좀 하려고 하는데요.
나 : 언제 이사하시려고요?
가 : 다음 주 주말에 할까 하는데요.
나 : 주말은 더 비싼 거 아시지요?
가 : 많이 비싼가요? 다른 날은 시간이 없는데…….
나 : 네, 20% 정도 비싸요. 그런데 이사는 어디에서 어디로 하시죠?
가 : 신림동 하숙집에서 잠실에 있는 아파트로 이사해요.
나 : 몇 층으로 이사 가세요? 짐은 어느 정도세요?
가 : 10층이에요. 그리고 혼자 사니까 짐은 많지 않고요.
나 : 이사할 때 엘리베이터를 이용할 수 있나요?
가 : 사용할 수 없다고 들었어요. 그러면 비용이 얼마나 들까요?
나 : 남자 두 명, 트럭 한 대, 사다리차가 있어야 하니까 주말에 하시면 45만 원입니다.
가 : 그럼 청소도 해 주시는 거죠?
나 : 그건 곤란해요. 주말이라 청소까지 해 드리기는 어렵습니다.

7. 맞는 내용에 표시하세요.
8. 이삿짐센터에서 보내 주지 않는 것은 무엇입니까?

IV. 다음을 잘 듣고 질문에 맞는 답을 고르세요. (9-10)

지금 한 여자 아이가 어머니를 찾고 있습니다. 이 아이는 하얀 셔츠와 까만 바지를 입고 있습니다. 그리고 안경을 끼고 모자를 쓰고 있습니다. 5층 어린이 옷 가게 앞에서 어머니를 잃어버렸는데 그 근처 어디에도 어머니가 없었다고 합니다. 이 아이의 어머니께서는 지금 곧 1층 안내실로 와 주시기 바랍니다.

9. 다음 중 이 아이의 모습으로 맞는 것은 어느 것입니까?
10. 이 안내 방송이 나오는 곳은 어디입니까?

V. 다음을 잘 듣고 질문에 답하세요. (11-12)

가 : 안녕하십니까? '오늘의 요리' 시간입니다. 오늘은 유명한 요리 선생님을 모시고 맛있는 생선찌개 끓이는 법에 대해서 알아보겠습니다. 안녕하세요, 선생님.
나 : 네, 안녕하세요?
가 : 먼저 이 요리에서 제일 중요한 생선은 언제 넣는 것이 좋습니까?
나 : 생선은 물이 끓은 후에 넣어야 국물 맛이 좋습니다.
가 : 그럼 가장 먼저 넣어야 하는 것은 뭐죠?
나 : 네, 무를 가장 먼저 넣고 물이 끓으면 생선을 넣습니다. 그 다음 소금이나 간장을 넣고 파와 양파, 고춧가루, 마늘을 넣어서 다시 한 번 끓이면 됩니다.
가 : 국물 맛을 시원하게 하려면 소금과 간장 중에서 어느 것을 넣는 게 더 좋을까요?
나 : 두 가지 다 맛에는 큰 차이가 없지만 간장을 너무 많이 넣으면 찌개 색깔이 까매지니까 소금을 넣는 게 좋습니다.
가 : 네, 잘 알았습니다. 끝으로 요리를 맛있게 만드는 방법 하나만 알려 주시죠.
나 : 음식을 맛있게 만드는 데 가장 중요한 것은 싱싱한 재료입니다. 그 다음은 만드는 사람의 마음이지요. 만드는 사람이 사랑하는 마음으로 정성껏 만든 음식은 어느 것이나 다 맛있습니다.

11. 지금 만드는 음식은 무엇입니까? 쓰세요.

12. 다음 중 들은 내용과 맞는 것은 어느 것입니까?

18과-21과 듣기 복습

I. 다음을 잘 듣고 내용이 같은 것을 고르세요. (1-3)

1. 집에 올 때 빵을 사 가지고 왔어야 하는데…….
2. 장학금 받기는 틀렸어. 시험을 너무 못 봤거든.
3. 내가 살던 하숙집은 아주 조용하고 깨끗했어요.

II. 다음을 잘 듣고 어울리는 대답을 고르세요. (4-6)

4. 혹시 김선미 씨를 아세요?
5. 미키 씨, 왜 우리 집에 온다고 약속해 놓고 안 오셨어요?
6. 남자 친구와 만날 때마다 싸운다는 게 말이 되니?

III. 다음 대화를 잘 듣고 질문에 맞는 답을 고르세요. (7-8)

7. 가 : 여보세요.
   나 : 여보세요. 영숙 씨, 저 바바라예요. 지금 뭐 하세요?
   가 : 아, 네, 청소해 놓고 빨래를 할까 말까 하고 있어요.
   나 : 그래요? 지금 시간 있으면 우리 집에 와서 차라도 같이 마시자고 전화했어요.
   가 : 그럼 그럴까요?

[문제] 영숙 씨는 전화를 끊고 무엇을 할 것 같습니까?

8. 가 : 토요일까지 이 일을 끝내라는 게 말이 됩니까?
   나 : 맞아요. 아마 토요일까지 하기는 정말 어려울걸요.
   가 : 시간이 갈수록 일이 많아지는군요. 지난주에도 밤 12시가 넘도록 일했잖아요.

[문제] 들은 내용과 맞지 않는 것은 무엇입니까?

IV. 다음을 잘 듣고 질문에 맞는 답을 고르세요. (9-10)

가 : 지연 씨, 지금 살고 있는 아파트가 전세예요?

나 : 네. 그런데 요즘 전세 값이 올라서 다른 곳으로 옮길까 말까 해요. 마이클 씨는 하숙집에 산다고 했지요?

가 : 네. 저도 하숙집을 옮길 생각이에요. 학교까지 시간이 하도 많이 걸려서 학교 근처에 있는 하숙집을 구하려고요. 좋은 곳을 알고 있으면 소개해 주세요.

나 : 제 친구 중에 하숙을 하는 친구가 있는데 학교까지 걸어서 10분이면 충분하대요. 그 친구에게 물어봐 줄게요.

9. 지연 씨는 어떤 집에 살고 있습니까?
10. 마이클 씨가 하숙집을 옮기고 싶어하는 이유는 무엇입니까?

V. 다음을 잘 듣고 질문에 답하세요. (11-12)

그저께 갑자기 아버지께서 입원하셔서 병원에 갔다. 아버지는 독감이라고 했는데 연세가 많으시기 때문에 입원하시는 게 좋을 것 같다는 것이었다. 첫째 날은 동생이 아버지 옆에서 밤을 새기로 하고 나는 집으로 돌아왔다. 그리고 어제는 동생이 회사에 가고 내가 병원에 가 있었다. 나는 어제 친구들과 미술관에 가기로 했었지만 그 약속은 어쩔 수 없이 어기게 되었다. 어젯밤에는 동생이 병원에서 자고 나는 오늘 낮에 또 병원에 다녀왔다. 이렇게 아버지가 병이 다 나으셔서 집으로 돌아오실 때까지 낮에는 내가, 밤에는 동생이 돌아가며 병원에서 아버지를 돌보기로 했다.

11. 아버지는 무슨 병에 걸려서 입원했습니까? 쓰세요.
12. 다음 중 들은 내용과 맞는 것은 어느 것입니까?

22과-25과 듣기 복습

I. 다음을 잘 듣고 내용이 같은 것을 고르세요. (1-3)

1. 이 텔레비전은 조금만 손보면 잘 나올 텐데, 새로 사는 건 말도 안 돼.
2. 그 사람과 심하게 다툰 후 헤어졌다가 다시 만났어요.
3. 식사 준비가 거의 다 돼 가요.

II. 다음을 잘 듣고 어울리는 대답을 고르세요. (4-6)

4. 점심시간이 많이 지났네요. 배고프지 않아요?
5. 박 선생님, 아까 저에게 뭐라고 하셨지요?
6. 즉석 사진보다는 사진관에서 찍는 게 낫지 않을까요?

III. 다음 대화를 잘 듣고 질문에 맞는 답을 고르세요. (7-8)

가 : 그것 좀 켜 봐.
나 : 이건 왜?
가 : 오늘 야구 경기 중계방송이 있다고 했거든.
나 : 어디서 하지? 여기는 아닌 거 같은데.
가 : 채널을 돌려 봐.
나 : 아직 안 하는 거 같은데 껐다가 조금 후에 다시 켜 보자.
가 : 무슨 소리야? 시작할 시간이 지났는데.
나 : 여기저기 돌려 봐도 안 하잖아.
가 : 내가 돌리는 게 더 낫겠다. 봐, 여기서 하잖아. 조금만 늦었으면 놓칠 뻔했네.
나 : 같이 이야기하자고 하더니 이것만 봐? 너 같은 남자 친구도 없을 거야.

7. 두 사람은 무엇을 하고 있습니까?
8. 여자는 왜 화가 났습니까?

IV. 다음을 잘 듣고 질문에 맞는 답을 고르세요. (9-10)

내가 쓰고 있는 컴퓨터가 또 고장 났어요. 수리 센터에 전화를 하니까 아저씨가 바로 오겠다고 하더니 아직 아무 연락이 없어요. 이 컴퓨터는 숙제를 하기 위해 샀는데 툭하면 고장이 나서 너무 속상해요. 고장이 날 때마다 계속 손을 보는데도 조금 있으면 또 고장이 나요. 다른 친구들은 이런 일이 없다고 하는데……. 자주 고치니까 돈도 많이 들어서 새거로 바꾸는 게 더 낫겠다는 생각이 들어요.

9. 이 사람은 누구를 기다리고 있습니까?
10. 이 사람은 왜 속상해합니까?

V. 다음을 잘 듣고 질문에 답하세요. (11-12)

벌써 10월 16일이다. 일주일 후에 나는 민수 씨와 결혼한다. 그 사람과 처음 만났던 날을 생각해 본다. 우리는 1년 전에 명동에 있는 호텔 커피숍에서 선을 봤다. 처음에 나는 민수 씨가 별로 마음에 들지 않았다. 키도 작고 얼굴도 그저 그렇고 말도 별로 없는 사람이었기 때문이다. 하지만 어머니는 민수 씨가 마음에 드신다며 나에게 몇 번 더 만나 보라고 하셨다. 할 수 없이 나는 민수 씨를 한 번 더 만나기로 했다. 한 번만 더 만나고 만나지 않으려고 생각했었는데 그 한 번이 두세 번, 두세 번이 서너 번으로 되어 결혼까지 하게 된 것이다. 민수 씨는 만나면 만날수록 좋은 사람이라는 생각이 들었다. 지금까지 만났던 어떤 사람들보다 나를 아끼고 사랑해 주었다. 친구들에게 청첩장도 보냈고 웨딩드레스 준비도 다 되었다. 결혼 준비가 거의 다 되어 간다. 일주일만 있으면 민수 씨와 드디어 결혼을 하게 된다. 시간이 빨리 지나갔으면 좋겠다.

11. 이 사람은 민수 씨와 어떻게 만났습니까? 쓰세요.
12. 다음 중 들은 내용과 맞는 것은 어느 것입니까?

26과-29과 듣기 복습

I. 다음을 잘 듣고 내용이 같은 것을 고르세요. (1-3)

1. 기차를 놓칠까 봐 빨리 뛰었어요.
2. 내가 만약에 부자가 된다면 좋은 일을 많이 하겠어요.
3. 그 일 좀 그만두지 못하겠어요?

II. 다음을 잘 듣고 어울리는 대답을 고르세요. (4-6)

4. 사람들이 무척 추워하는군요.
5. 민수 씨가 1시간이나 기다렸는데 아무도 안 왔대요.
6. 극장 앞에 웬 사람이 저렇게 많아요?

III. 다음 대화를 잘 듣고 질문에 맞는 답을 고르세요. (7-8)

7. 가 : 민수야, 오늘은 기분이 별로 안 좋아 보이는데 학교에서 무슨 일 있었니?
   나 : 운동장에서 야구를 하다가 창문을 깨뜨려서 선생님께 야단을 맞았어요.
   가 : 다치지는 않았니?
   나 : 조금 다쳤지만 지금은 괜찮아요.

[문제] 민수는 왜 야단을 맞았습니까?

8. 가 : 철수야, 내 책상 서랍 안에 있던 수첩 못 봤니?
   나 : 글쎄? 줄까 말까?
   가 : 철수 네가 가져갔구나! 한참 찾았잖아. 어서 줘.
   나 : 그럼 누나가 나한테 천 원 준다고 약속해.
   가 : 뭐야? 빨리 돌려주지 못해?

[문제] 동생이 가지고 있는 것은 무엇입니까?

IV. 다음을 잘 듣고 질문에 맞는 답을 고르세요. (9-10)

얼마 전 우리 집 근처에 오래된 물건을 고쳐서 파는 수리 센터가 생겼다. 이곳에서는 세탁기, 냉장고, 텔레비전, 침대, 식탁 등 집에서 쓰는 모든 물건들을 고쳐서 팔거나 아니면 신속하게 수리를 해 준다. 거기서 파는 물건들은 다른 사람이 쓰던 것이기는 하지만 값도 싸고 아주 깨끗해서 우리 집은 물론이고 많은 이웃들이 이곳을 자주 이용하고 있다. 꼭 필요한 물건이 없어도 가끔 집에 오는 길에 들러 보면 좋은 물건들을 많이 구경할 수 있어서 재미있다.

9. 이 수리 센터에서는 어떤 물건을 팔고 있습니까?
10. 이 수리 센터에 대한 설명으로 맞는 것은 무엇입니까?

V. 다음을 잘 듣고 질문에 답하세요. (11-12)

며칠 있으면 크리스마스예요. 우리 가족은 12월이 되자마자 크리스마스트리를 만들었어요. 가족이 함께 만드니까 아주 재미있었어요. 우리 가족은 아빠, 엄마, 나, 그리고 6살인 동생, 이렇게 네 명이에요. 나는 산타 할아버지가 우리 집에 오셔서 나한테 선물 주시기를 아주 열심히 기다리는 중이에요. 나는 공부도 열심히 하고 부모님이 하라는 대로 무슨 일이든지 열심히 했어요. 그런데 내 동생은 할 일도 잘 하지 않았고 가끔 거짓말도 했기 때문에 산타 할아버지가 자기한테 선물을 안 주실까 봐 걱정하고 있어요. 조금 전에도 유리컵을 깨뜨려서 엄마한테 야단을 맞았어요. 엄마는 동생 때문에 기가 막혀하실 때가 많아요. 하지만 동생도 선물을 받으면 좋겠어요. 빨리 크리스마스가 되어서 선물을 받으면 정말 행복할 거예요.

11. 이 사람은 왜 크리스마스를 기다립니까? 쓰세요.
12. 다음 중 들은 내용과 맞는 것은 어느 것입니까?

30과-33과 듣기 복습

I. 다음을 잘 듣고 내용이 같은 것을 고르세요. (1-3)

1. 민수는 공부를 잘할 뿐만 아니라 마음씨도 좋은 친구다.
2. 부모님의 반대에도 불구하고 두 사람은 결혼하기로 했다.
3. 이번 주에 시간 있는 날이 토요일밖에 없다.

II. 다음을 잘 듣고 어울리는 대답을 고르세요. (4-6)

4. 아이들이 읽을 만한 책을 좀 알려 주시겠어요?
5. 여행 날짜가 정해지면 연락해 주세요.
6. 형님이 나이에 비해서 젊어 보이시네요.

III. 다음 대화를 잘 듣고 질문에 맞는 답을 고르세요. (7-8)

가 : 오늘 모실 분은 프랑스에서 오셨다고 들었어요.

나 : 네, 맞아요. 하지만 그분의 아버님은 한국 분이세요. 어머님은 프랑스 분이셔서 어렸을 때부터 파리에서 살았대요.

가 : 아, 그렇군요. 저는 그분이 프랑스 파리 출신이라고 들었는데 이름이 김민우라서 처음에 좀 이상하게 생각했어요. 역시 한국과 관계가 있는 사람이었군요. 그런데 김민우 씨는 어떤 소설로 유명해요?

나 : '파리의 아침' 이라는 소설로 아주 유명하지요. 외국에서 느끼는 고향에 대한 그리움을 적은 글이에요.

가 : 자, 그럼 이제 김민우 씨를 이 자리에 직접 모셔 볼까요? 모두 박수로 맞이해 주시기 바랍니다.

7. 김민우 씨는 무슨 일을 하는 사람입니까?

8. 다음 중 들은 내용과 맞지 않는 것은 어느 것입니까?

Ⅳ. 다음을 잘 듣고 질문에 맞는 답을 고르세요. (9-10)

안녕하세요? 주말에 가 볼만한 곳을 찾고 계시다고요? 그렇다면 저희 회사로 문의해 주세요. 저희는 서울뿐만 아니라 부산, 대구, 광주, 제주 등에도 지점이 있어서 손님께서 찾으시는 모든 정보를 신속하게 알려 드릴 수 있습니다. 여행 계획이 정해지면 바로 연락해 주세요. 요금, 서비스 등 모든 것에 자신 있습니다. 직접 한번 들러 주세요.

9. 이곳은 어디입니까?

10. 이 회사를 이용하면 무엇이 좋습니까?

Ⅴ. 다음을 잘 듣고 질문에 답하세요. (11-12)

내 고향은 설악산이 있는 강원도 속초다. 나는 대학교에 다니기 위해 서울에 오기 전까지 부모님과 함께 살았다. 지금 고향엔 두 분만 살고 계신다. 어머니는 항상 허리가 아프셨는데 요즘은 허리뿐만 아니라 다리도 많이 아프다고 하신다. 더구나 며칠 전에는 목욕탕에서 넘어져서 큰일 날 뻔하셨다고 한다. 아버지는 이가 좋지 않아서 음식을 제대로 씹으실 수 없기 때문에 부드러운 음식만 드셔야 한다. 그래서 맛있는 것을 사 드리고 싶어도 잡수실 만한 음식이 별로 없어서 가끔 속이 상한다. 두 분 다 지난해에 비해 건강이 좋지 않은 것 같아 걱정이다. 우리 부모님은 자신들이 다른 부모들에 비해 많이 못 배워서 아들인 나에게 해 준 것이 별로 없다고 항상 미안해하시지만 나는 두 분이 정말 훌륭하다고 생각한다. 우리 부모님에 대해서 가장 자랑할 만한 일은 항상 열심히 일하는 것과 다른 사람을 돕고 사는 마음이다. 두 분은 연세가 많으신데도 불구하고 매일 아침 일찍 일어나 동네 청소를 하신다. 아버지는 사진관을 하시면서 조금씩 모은 돈으로 돈이 없어 공부 못 하는 몇몇 학생들에게 장학금도 주신다. 나중에 나도 결혼을 해서 아들, 딸을 낳을 텐데 나는 나의 아이들에게 어떤 아버지가 될까? 아이들이 자랑할 만한 아버지가 될 수 있을까?

11. 아버지가 가난한 학생들을 위해 하시는 일은 무엇입니까? 쓰세요.

12. 다음 중 들은 내용과 맞는 것은 어느 것입니까?

정 답

1과 방학이 이렇게 빨리 끝날 줄 몰랐어요

문형 연습 14

1.1

1. 네. 날씨가 이렇게 추울 줄 몰랐어요.
2. 네. 비가 이렇게 많이 올 줄 몰랐어요.
3. 네. 지하철이 이렇게 편리할 줄 몰랐어요.
4. 네. 방학이 이렇게 빨리 끝날 줄 몰랐어요.

1.2

1. 그래요? 피아노를 배우는 줄 몰랐어요.
2. 그래요? 대학원에 다니는 줄 몰랐어요.
3. 그래요? 중국어를 가르치는 줄 몰랐어요.
4. 그래요? 매운탕을 좋아하는 줄 몰랐어요.

1.3

1. 그래요? 철수 씨가 안 온 줄 몰랐어요.
2. 그래요? 다나카 씨가 결혼한 줄 몰랐어요.
3. 그래요? 토니 씨가 전공을 바꾼 줄 몰랐어요.
4. 그래요? 마이클 씨가 고향으로 떠난 줄 몰랐어요.

1.4

1. 그래? 내일이 시험인 줄 몰랐어.
2. 그래? 저기가 수영장인 줄 몰랐어.
3. 그래? 저 산이 북한산인 줄 몰랐어.
4. 그래? 지하철 요금이 800원인 줄 몰랐어.

대화 연습 [모범 답안] 16

A/V-(으)ㄴ/는/(으)ㄹ 줄 몰랐다[알았다]

N인 줄 몰랐다[알았다]

1. 이렇게 매울 줄 몰랐어요
2. 마이클 씨 아내가 한국 사람인 줄 몰랐어요
3. 비가 올 줄 몰랐어요
4. 오늘이 수민이 생일인 줄 몰랐어
5. 바바라 씨가 만든 줄 몰랐어요
6. 판 줄 몰랐어요
7. 내일이 쉬는 날인 줄 몰랐어요
8. 그러세요? 중국 사람인 줄 알았어요
9. 그래요? 다나카 씨가 귀국한 줄 몰랐어요
10. 오늘 수업 안 하는 줄 알았어요

N을/를 빼다

1. 고기를 빼고 주세요
2. 빼고 다 왔어요
3. 빼고 하세요
4. 빼고 다 잘 먹어요
5. 빼고 먹으면 괜찮아요
6. 빼고 다 좋아해요

사정이 있다

1. 사정이 있어서
2. 사정이 있어서요
3. 사정이 있어서 못 갔어요

2과 상을 두 개나 받았다지요?

문형 연습 18

2.1

1. 새 책이 나온다지요?
2. 쓰기 시험이 쉽다지요?
3. 설악산에 눈이 많이 왔다지요?
4. 마이클 씨가 졸업식에 참석했다지요?

2.2

1. 토니 씨 결혼식이 오늘이라지요?
2. 시험 보는 날이 월요일이라지요?
3. 한국에서 제일 높은 산이 한라산이라지요?
4. 우리 반에서 키가 제일 큰 학생이 토니 씨라지요?

2.3

1. 비디오 보느라고 못 잤어요.
2. 공부하느라고 못 갔어요.
3. 숙제하느라고 못 먹었어요.
4. 샤워하느라고 못 받았어요.

2.4

1. 취직 준비하느라고 바빠요.
2. 공부하느라고 바빠요.
3. 전화 받느라고 늦었어요.
4. 친구 만나느라고 늦었어요.

대화 연습 [모범 답안] 20

V-느라고

1. 시험공부하느라고
2. 친구 결혼식에 참석하느라고 못 했어요
3. 고향에 가느라고
4. 결혼 준비하느라고
5. 음악 듣느라고
6. 텔레비전 보느라고
7. 샤워하느라고
8. 이사하느라고
9. 친구와 얘기하느라고 시간이 이렇게 된 줄 몰랐어요
10. 드라마 보느라고 못 봤어요

A/V-다지요? / N-(이)라지요?

1. 있다지요
2. 많다지요
3. 이라지요
4. 라지요
5. 부른다지요
6. 이라지요

축하[감사, 사과]하는 뜻으로

1. 사과하는 뜻으로
2. 축하하는 뜻으로
3. 감사하는 뜻으로 저녁을 살게요

3과 일기 예보에서 뭐라고 했어?

문형 연습 22

3.1

1. 한 백이십만 원쯤 필요할 거예요.
2. 한 두 장쯤 필요할 거예요.
3. 한 한 시간쯤 걸릴 거예요.
4. 한 천 원쯤 될 거예요.

3.2

1. 오늘은 좀 늦을 거라고 했어요.
2. 오후에 비가 올 거라고 했어요.
3. 내일은 박물관에 갈 거라고 했어요.
4. 시험이 어렵지 않을 거라고 했어요.

3.3

1. 빨리 가자고 했어요.
2. 천천히 걷자고 했어요.
3. 오늘 같이 식사하자고 했어요.
4. 공원에 가자고 했어요.

3.4

1. 떡국 다 끓였느냐고 물어봤어요.
2. 아직도 부산에 사느냐고 물어봤어요.
3. 요즘은 여자 친구 안 만나느냐고 물어봤어요.
4. 이제 서울 생활에 익숙해졌느냐고 물어봤어요.

대화 연습 [모범 답안] 24

A/V-(으)ㄹ 거라고 하다 / V-자고 하다
V-느냐고 하다 / A-(으)냐고 하다

1. 이따가 같이 점심 먹자고 했어요
2. 우산 가져왔느냐고 했어요
3. 비빔밥에 고추장을 다 넣으면 매울 거라고 했어요
4. 요즘 왜 이렇게 날씨가 덥냐고 했어요
5. 저분이 준석 씨 아버님이시냐고 하셨어요
6. 내일은 눈이 많이 올 거라고 했어요
7. 오늘은 바쁘니까 내일 만나자고 했어요

8. 오늘은 비가 오니까 축구를 하지 말자고 했어요
9. 방학 동안 고향에 갔다 올 거라고 했어요
10. 요즘 무슨 음악을 잘 듣느냐고 했어요

N을/를 가져오다[가져가다]

1. 안 가져왔어요
2. 가져올게요
3. 가져올 거예요

한 N쯤

1. 한 40분쯤
2. 한 30도쯤

4과 우리 오후에 문병 갈까요?

문형 연습 26

4.1

1. 가 보니까 아름다웠어요.
2. 먹어 보니까 맛있었어요.
3. 이야기해 보니까 괜찮았어요.
4. 해 보니까 재미있었어요.

4.2

1. 네, 배운대요.
2. 네, 참석한대요.
3. 네, 잘 먹는대요.
4. 네, 잘 봤대요.

4.3

1. 빨리 구해야 할 텐데 걱정이네요.
2. 빨리 찾아야 할 텐데 걱정이네요.
3. 빨리 끝내야 할 텐데 걱정이네요.
4. 빨리 해야 할 텐데 걱정이네요.

4.4

1. 사흘 있으면 시험이야.
2. 이 주일 있으면 방학이야.
3. 이틀 있으면 민수 생일이야.
4. 일주일 있으면 이사하는 날이야.

대화 연습 [모범 답안] 28

V-아/어 보니(까)

1. 마셔 보니까
2. 만나 보니까
3. 배워 보니까
4. 해 보니까
5. 읽어 보니까 저한테는 좀 어려운 것 같아요

A/V-아/어야 할 텐데

1. 빨리 나아야 할 텐데……
2. 가방을 빨리 찾아야 할 텐데……
3. 빨리 나아야 할 텐데……
4. 장학금을 타야 할 텐데 걱정이에요

N 있으면 N(이)다

1. 이틀 있으면
2. 일주일 있으면
3. 한 시간 있으면
4. 이 주일 있으면 결혼식이에요

낫다 / 짓다 / 웃다 / 벗다

1. 웃으
2. 지을
3. 나았어요
4. 벗어요

복습 1 (1-4과)

어휘와 문법 30

I
1. 탔다/받았다 2. 참석할 3. 빼 4. 맑았, 갑자기
5. 모여, 가져가 6. 나/나오, 나/나오, 난
7. 오랜만에, 변해 8. 다쳤, 다치, 나으, 한
9. 종일/굉장히 10. 더구나 11. 편리하다
12. 뽑을 거라/뽑는다 13. 신청했는 14. 전공
15. 사과하

II [모범 답안]
16. 냉면이 그렇게 맛있을 줄 몰랐어요
17. 돼지고기만 빼고 다 잘 먹어요
18. 졸업을 축하하는 뜻으로 점심을 살게요
19. 고향에 돌아간다지요
20. 시험공부하느라고 못 쉬었어요

21. 비가 올 거라고 해요
22. 잘 지내신대요
23. 일주일 있으면 방학이에요
24. 감기 걸렸어요. 더구나 일도 많아요
25. 먹어 보니까 아주 맛있어요
26. 나아야 할 텐데……
27. 주말에 바쁘냐고 물었어요

듣 기 33

1. ③ 2. ① 3. ② 4. ③ 5. ② 6. ③ 7. ① 8. ② 9. ① 10. ③ 11. 공항 12. ①

읽기 37

1. ③ 2. ② 3. ① 4. ③ 5. ① 6. ② 7. (라)-마-나-가-다 8. ① 9. ③ 10. ① 11. ①

5과 방 값이 얼마라고 하셨지요?

문형 연습 42

5.1

1. 네? 수업 시작이 몇 시라고 하셨어요?
2. 네? 졸업식이 언제라고 하셨어요?
3. 네? 저분이 누구라고 하셨어요?
4. 네? 버스 정류장이 어디라고 하셨어요?

5.2

1. 여름은 언제나 그래요.
2. 이 가게 물건은 무엇이나 그래요.
3. 우리 학교 학생은 누구나 그래요.
4. 요즘 아이들은 누구나 그래요.

5.3

1. 아뇨, 무슨 운동이나 다 잘해요.
2. 아뇨, 무슨 책이나 다 읽어요.
3. 아뇨, 무슨 음악이나 다 좋아해요.
4. 아뇨, 무슨 음식이나 다 맛있어요.

5.4

1. 일본도 마찬가지예요.
2. 버스도 마찬가지예요.
3. 옆 교실도 마찬가지예요.
4. 한라산도 마찬가지예요.

대화 연습 [모범 답안] 44

얼마 / 누구 / 어디 / 언제 / 무엇

1. 어디, 부산
2. 뭐, 한국어
3. 누구
4. 언제
5. 얼마

어디나[누구나, 언제나, 무엇이나] (다)

무슨[어느, 어떤] N(이)나 (다)

1. 무슨 음식이나
2. 누구나
3. 언제나

마찬가지(이)다

1. 어디나 다 마찬가지예요
2. 어디나 다 마찬가지예요
3. 누구나 다 마찬가지예요
4. 어디나 다 마찬가지예요

연락[편지, 전화]을/를 주다[드리다, 하다]

1. 연락드리세요, 연락을 못 드려요
2. 전화를 못 했어요
3. 연락 주세요
4. 연락하는 사람이 많아요

6과 하숙 생활에 적응할 수 있을지 걱정이에요

문형 연습 46

6.1

1. 취직할 수 있을지 걱정이에요.
2. 비행기 표를 살 수 있을지 걱정이에요.
3. 대학교에 입학할 수 있을지 걱정이에요.
4. 외국 생활에 적응할 수 있을지 걱정이에요.

6.2

1. 아니요, 얼마 안 됐어요.
2. 아니요, 얼마 안 됐어요.
3. 아니요, 얼마 안 됐어요.
4. 아니요, 얼마 안 됐어요.

6.3

1. 네, 등록금에 책값도 포함돼요.
2. 네, 음식 값에 커피 값도 포함돼요.
3. 네, 하숙비에 수도 요금도 포함돼요.
4. 네, 아파트 관리비에 전화 요금도 포함돼요.

6.4

1. 네, 술을 마시면 곤란해요.
2. 네, 교실에서 담배 피우면 곤란해요.
3. 네, 수업 시간에 휴대폰 받으면 곤란해요.
4. 네, 여기서 큰 소리로 이야기하면 곤란해요.

대화 연습 [모범 답안] 48

V-(으)ㄹ 수 있을지 걱정이다

1. 구할 수 있을지 걱정이에요
2. 살 수 있을지 걱정이에요
3. 취직할 수 있을지 걱정이에요
4. 끝낼 수 있을지 걱정이에요
5. 내일이 시험인데 잘 볼 수 있을지 걱정이에요

V-(으)ㄴ 지 얼마 안 되었다

V-(으)ㄴ 지 오래되었다

1. 얼마 안 됐어요
2. 졸업한 지 오래됐어요
3. 얼마 안 됐어요
4. 얼마 안 됐어요. 한 달쯤 됐어요

N이/가 N에 포함되다

1. 포함되어 있어요
2. 관리비에 포함되어 있어요
3. 포함되어 있어요
4. 아침 식사가 포함돼서 그래요

A/V-(으)면 곤란하다

1. 피우면 곤란해요
2. 부르면 곤란해요
3. 주말까지 다 못 끝내면 곤란해요
4. 다음 달에 주면 곤란해요
5. 받으면 곤란해요

7과 서울에서 집 사기는 하늘의 별 따기예요

문형 연습 50

7.1

1. 많이 피곤한가 봐.
2. 문제가 어려운가 봐.
3. 물건 값이 아주 싼가 봐.
4. 영화가 정말 재미있나 봐.

7.2

1. 아이들이 싸우나 봐.
2. 약속 시간에 늦었나 봐.
3. 잠을 못 잤나 봐.
4. 안 좋은 소식을 들었나 봐.

7.3

1. 홍콩에 가신다고 들었어요.
2. 여름에 많이 온다고 들었어요.
3. 삼성에 다닌다고 들었어요.
4. 떡국을 잘 먹는다고 들었어요.

7.4

1. 아니요. 내일 시간 없는데 어떡하죠?
2. 아니요. 지금 갈 수 없는데 어떡하죠?
3. 아니요. 김 선생님 안 계시는데 어떡하죠?
4. 아니요. 청소 다 못 했는데 어떡하죠?

대화 연습 [모범 답안] 52

A/V-다고 듣다 / A/V-(으)ㄹ 거라고 듣다

1. 찾고 있다고 들었어요
2. 포함되지 않는다고 들었어요
3. 올 거라고 들었어요

4. 오를 거라고 들었어요
5. 예쁘고 착하다고 들었어요

V-나 보다 / A-(으)ㄴ가 보다 / N인가 보다

1. 수영 선수인가 봐요
2. 아픈가 봐요
3. 오나 봐요
4. 싸웠나 봐요
5. 인가 봐
6. 재미있나 봐요

A/V-(으)ㄴ/는데 어떡하죠?

1. 시간이 없는데 어떡하죠
2. 없는데 어떡하죠
3. 청소를 안 해서 집이 엉망인데 어떡하죠
4. 다른 약속이 있는데 어떡하죠
5. 우산을 안 가져왔는데 어떡하지

한 N도 안[못] V

1. 한 번도 못 가 봤어요
2. 아뇨, 한 번도 안 먹어 봤어요
3. 아뇨, 아직 한 명도 결혼 안 했어요

8과 차 소리가 들려서 시끄러워요

문형 연습 54

8.1

1. 문이 열려요.
2. 전화가 끊겼어요.
3. 도둑이 잡혔어요.
4. 전화번호가 바뀌었어요.

8.2

1. 창문이 잠겨 있어요.
2. 벽에 그림이 걸려 있어요.
3. 칠판에 글씨가 쓰여 있어요.
4. 책상 위에 책이 놓여 있어요.

8.3

1. 휴대폰이 안 걸려요.
2. 부르는 소리가 안 들렸어요.
3. 전화가 끊겼어요.
4. 딸기가 다 팔렸어요.

8.4

1. 네, 자주 보는 편이에요.
2. 네, 자주 가는 편이에요.
3. 네, 자주 듣는 편이에요.
4. 네, 일찍 일어나는 편이에요.

대화 연습 [모범 답안] 56

V-이/히/리/기

1. 잠겨
2. 닫을, 닫히
3. 보여, 볼
4. 들, 들렸
5. 읽, 읽혀
6. 쫓기, 잡힐
7. 걸, 걸리, 걸어 볼
8. 안겨
9. 쓰여, 쓰여
10. 끊기
11. 봤, 보였
12. 바뀌어
13. 팔리
14. 바뀌었
15. 잠갔, 잠겼

A/V-(으)ㄴ/는 편이다

1. 좋아하는 편이에요
2. 늦게 자는 편이에요
3. 아뇨, 정리를 잘 못 하는 편이에요
4. 네, 잘 치는 편이에요
5. 네, 자주 보는 편이에요

복습 2 (5-8과)

어휘와 문법 58

I 1. 출퇴근, 어디나 2. 적응해 3. 포함된 4. 정도

5. 집들이 6. 곤란하다 7. 엉망이었 8. 자취
9. 마찬가지다 10. 시끄럽다, 벌어

II 11. 걸려 12. 팔리 13. 들려 14. 바뀌었다
15. 열려 16. 잠겨 17. 막혀 18. 쓰여 19. 보여
20. 놓여 있는

III [모범 답안]
21. 어느 옷이나 다 잘 어울려요
22. 네. 발표를 잘할 수 있을지 걱정이에요
23. 네, 괜찮아요. 밥 먹은 지가 얼마 안 되었어요
24. 아니요. 커피 값이 음식 값에 포함되어 있어요
25. 아니요. 수업 중에 휴대 전화를 받으면 곤란해요
26. 아니요. 한 번도 안 입어 봤어요
27. 지금은 돈이 없는데 어떡하죠
28. 서울이 아주 깨끗하다고 들었어요
29. 감기에 걸렸나 봐요
30. 좀 시끄러운 편이지만 괜찮아요

듣 기 61

1. ① 2. ③ 3. ② 4. ③ 5. ① 6. ③ 7. ② 8. ③
9. 40만 원, 아침, 저녁, 전기 요금 10. ② 11. 꽃과 케이크 12. ①

읽기 65

1. ③ 2. ③ 3. ③ 4. ② 5. ③ 6. ① 7. ② 8. ③
9. 하늘의 별 따기다. 10. ② 11. ③

9과 언제든지 예금하고 찾을 수 있지요?

문형 연습 70

9.1
1. 아뇨, 누구든지 갈 수 있어요.
2. 아뇨, 언제든지 만날 수 있어요.
3. 아뇨, 무엇이든지 먹을 수 있어요.
4. 아뇨, 무엇이든지 빌릴 수 있어요.

9.2
1. 곧 추워질 모양이야.
2. 곧 회의를 시작할 모양이야.
3. 곧 이사를 갈 모양이야.
4. 곧 공부를 시작할 모양이야.

9.3
1. 길이 막히는 모양이야.
2. 손님이 오는 모양이야.
3. 문제가 어려운 모양이야.
4. 아주 바쁜 모양이야.

9.4
1. 축구하는 대신 농구하는 게 어때?
2. 커피 마시는 대신 녹차 마시는 게 어때?
3. 넥타이 선물하는 대신 모자 선물하는 게 어때?
4. 영화 보러 가는 대신 노래방 가는 게 어때?

대화 연습 [모범 답안] 72

A/V-(으)ㄴ/는/(으)ㄹ 모양이다
1. 올 모양이야
2. 다 마신 모양이야
3. 집에 없는 모양이에요
4. 틀린 모양이에요
5. 싸운 모양이에요

V-는 대신
1. 쓰기 연습하는 대신 말하기 연습해요
2. 전화 거는 대신
3. 점심 사 주는 대신 내가 커피 살게
4. 못 가는 대신 선물을 보내려고요

V-는 법
1. 만드는 법
2. 담그는 법
3. 쓰는 법
4. 찾는 법

언제든지[어디든지, 누구든지, 무엇이든지]
무슨[어느, 어떤] N(이)든지
1. 언제든지
2. 무엇이든지
3. 누구든지

4. 무슨 음식이든지 다 좋아해요
5. 어떤 책이든지 다 좋아해요

10과 아무리 찾아도 안 보이네요

문형 연습 74

10.1

1. 아무리 해도 안 끝나요.
2. 아무리 약을 먹어도 안 나아요.
3. 아무리 불러도 대답이 없어요.
4. 아무리 생각해도 모르겠어요.

10.2

1. 그 시장이 싸거든요.
2. 그 식당이 맛있거든요.
3. 수업이 없거든요.
4. 손님이 오시거든요.

10.3

1. 잠을 잘 못 잤거든요.
2. 머리를 잘랐거든요.
3. 월급을 받았거든요.
4. 사전을 가져왔거든요.

10.4

1. 네. 미리 찍어 두세요.
2. 네. 미리 해 두세요.
3. 네. 미리 예약해 두세요.
4. 네. 미리 준비해 두세요.

대화 연습 [모범 답안] 76

아무리 A/V-아/어도

1. 아무리 외워도
2. 아무리 찾아도
3. 아무리 추워도
4. 아무리 생각해도
5. 그럼요. 아무리 비싸도 살 거예요
6. 아무리 바빠도 내일 회의에는 꼭 참석하도록 하세요.
7. 아뇨. 아무리 쉬어도 피곤해요

A/V-거든요

1. 배가 아프거든요
2. 어젯밤에 모기 때문에 잠을 잘 못 잤거든요
3. 많이 올랐거든요
4. 오늘이 제 생일이거든요
5. 다음 주에 시험이 있거든요
6. 친구가 약속이 있어서 시내에 나갔거든요
7. 지난주에 마이클 씨랑 싸웠거든요

V-아/어 두다

1. 청소해 둘게
2. 표를 사 둘게
3. 예약해 둘게요
4. 걱정하지 마. 내가 음식을 좀 만들어 둘게
5. 비행기 표를 미리 예약해 두는 게 좋을 거야

11과 같이 저녁이라도 하는 게 어때?

문형 연습 78

11.1

1. 없는데 콜라라도 줄까?
2. 없는데 신문이라도 줄까?
3. 없는데 녹차라도 줄까?
4. 없는데 오천 원이라도 빌려 줄까?

11.2

1. 정말 날씨가 좋구나.
2. 정말 잠을 많이 잤구나.
3. 정말 영화가 재미있구나.
4. 정말 너무 많이 먹었구나.

11.3

1. 운동을 좀 해야겠어요.
2. 머리를 좀 잘라야겠어요.
3. 아르바이트를 좀 해야겠어요.
4. 친구를 좀 만나야겠어요.

11.4

1. 아무 일도 없는데요.
2. 아무도 안 만났는데요.
3. 아무 데도 안 갔다 왔는데요.
4. 아무것도 못 받았는데요.

대화 연습 [모범 답안] 80

N(이)라도

1. 이라도
2. 비빔밥이라도 주세요
3. 전화라도 해 주세요
4. 그럼 만화책이라도 좀 봐
5. 그럼 커피라도 같이 마셔요

V-아/어야겠다

1. 이제 가야겠어요
2. 좀 쉬어야겠어요
3. 가 봐야겠다
4. 시험 끝났으니까 여행을 가야겠어요
5. 그래? 병원에 한번 가 봐야겠다

아무 N도 / 아무것도 / 아무 데도 / 아무도

1. 아무것도
2. 아무 데도 안 가고
3. 아무 데도 없어요
4. 아무도 안 왔어요
5. 아뇨, 아무 약속도 없어요

A/V-(으)ㄴ/는/(으)ㄹ 데

1. 먼 데, 가까운 데
2. 추운 데
3. 좋은 데
4. 갈 데가
5. 만난 데서 만나자

12과 안내 방송이 나오는데요

문형 연습 82

12.1

1. 수업이 끝나자마자 간대.
2. 일이 끝나자마자 한대.
3. 일어나자마자 한대.
4. 방학하자마자 간대.

12.2

1. 돈을 찾은 후에 가자.
2. 시험이 끝난 후에 가자.
3. 옷을 산 후에 사자.
4. 운동을 한 후에 마시자.

12.3

1. 잠깐 기다리시기 바랍니다.
2. 뒤로 물러서시기 바랍니다.
3. 입장료를 내 주시기 바랍니다.
4. 휴대폰을 꺼 주시기 바랍니다.

12.4

1. 응, 계속 일했어.
2. 응, 계속 공부했어.
3. 응, 계속 한국에 있었어.
4. 응, 계속 비 왔어.

대화 연습 [모범 답안] 84

V-자마자

1. 집에 가자마자
2. 지나자마자
3. 끝나자마자 갔어요
4. 도착하자마자 전화할게요
5. 집에 가자마자 숙제부터 해요
6. 일어나자마자 세수해요

V-기 전에 / V-(으)ㄴ 후에

1. 저녁을 먹은 후에

2. 오기 전에
3. 보기 전에
4. 오기 전에, 한국에 오기 전에는 중국에서 회사에 다녔어요
5. 돌아간 후에, 고향에 돌아간 후에 한국어를 가르치고 싶어요

계속(해서)

1. 계속
2. 주말에도 계속
3. 계속 배우
4. 계속 눈이 와요

V-기(를) 바라다

1. 축하합니다. 행복하게 사시기 바랍니다
2. 그래요? 빨리 나으시기를 바랄게요
3. 잘됐군요. 많은 것을 배우고 돌아오시기 바랍니다

복습 3 (9-12과)

어휘와 문법 86

I 1. 우선 2. 여쭤 3. 맡겨 4. 현금 5. 걸음, 물러서 6. 찾을, 서명해 7. 담그는, 어디엔가, 아무 데도 8. 바라는 9. 계속하 10. 알아듣 11. 아무리 12. 잘라, 자르는, 아낄 13. 언제든지 14. 정하 15. 중요한 16. 지켜서 17. 대단히

II [모범 답안]

18. 무엇이든지 좋아요
19. 많이 아픈 모양이에요
20. 전화하는 대신 이메일을 보내세요
21. 네. 불고기 만드는 법을 배우고 싶어요
22. 아니요. 아무리 외워도 금방 잊어버려요
23. 오늘이 어머니 생신이거든요
24. 제가 표를 예매해 둘게요
25. 많이 피곤했구나
26. 아무 일도 없어요
27. 한국어 공부를 열심히 해야겠어요
28. 수업이 끝난 후에 가요
29. 일어나자마자 우선 세수부터 해요

듣 기 89

1. ③ 2. ② 3. ① 4. ② 5. ② 6. ① 7. ① 8. ① 9. ② 10. ② 11. 신촌역 3번 출구 앞 12. ③

읽기 92

1. ① 2. ② 3. ③ 4. ③ 5. ① 6. ③ 7. ② 8. (나)-마-라-가-다 9. ③ 10. ② 11. ①

13과 불고기를 만들려면 이런 재료가 필요해요

문형 연습 98

13.1

1. 요리 책에서 본 대로 담갔어요.
2. 선생님께서 가르쳐 주신 대로 발음했어요.
3. 친구가 알려 준 대로 했어요.
4. 설명서에 쓰여 있는 대로 사용했어요.

13.2

1. 언제 귀국할 거냐고 물었어요.
2. 숙제는 언제 할 거냐고 물었어요.
3. 생일 선물로 뭘 살 거냐고 물었어요.
4. 수업이 끝나면 식당에 갈 거냐고 물었어요.

13.3

1. 듣기 연습하는 데에 필요해서요.
2. 음식 만드는 데에 필요해서요.
3. 한국말 배우는 데에 필요해서요.
4. 김치 담그는 데에 필요해서요.

13.4

1. 소금을 조금 넣으세요.
2. 식초를 조금 넣으세요.
3. 참기름을 조금 넣으세요.
4. 양파를 조금 넣으세요.

대화 연습 [모범 답안] 100

N대로

1. 마음대로
2. 약속대로
3. 설명서대로
4. 마음대로 하세요. 저는 다 좋아요

V-(으)ㄴ/는 대로

1. 가르쳐 준 대로
2. 발음하는 대로
3. 연습한 대로
4. 배운 대로
5. 사무실 직원이 가르쳐 주는 대로 신청하면 돼요

A/V-냐/자/라고 해서 A/V-다고 했어요

1. 뭘 하고 싶으냐고 해서
2. 창문을 열라고 해서
3. 한국어 책을 빌려 달라고 해서 알겠다고
4. 점심에 냉면이나 먹자고 해서 좋다고

V-는 데(에)는 N이/가 좋다[필요하다]

1. 듣기 공부하는
2. 반찬을 먹는, 과일을 먹는
3. 대구 가는 데에는 비행기보다 기차가 좋거든요
4. 한국에서 생활하는 데 돈이 많이 필요해서요

14과 불고기 맛은 양념에 달려 있어요

문형 연습 102

14.1

1. 네. 학생증이 있어야 책을 빌릴 수 있어요.
2. 네. 마늘을 넣어야 양념을 맛있게 만들 수 있어요.
3. 네. 크게 말해야 다른 사람들이 들을 수 있어요.
4. 네. 공부를 열심히 해야 시험을 잘 볼 수 있어요.

14.2

1. 김치 맛은 양념에 달려 있어요.
2. 그 사람의 행복은 자기 마음에 달려 있어요.
3. 집값은 집주인에게 달려 있어요.
4. 그 식당의 성공은 음식 맛에 달려 있어요.

14.3

1. 이번 일이 잘 되고 못 되는 것은 다음 회의에 달려 있어요.
2. 발음을 잘하고 못하는 것은 연습에 달려 있어요.
3. 내일 산에 가고 못 가는 것은 날씨에 달려 있어요.
4. 음식이 맛있고 맛없는 것은 양념에 달려 있어요.

14.4

1. 보통 구워서 먹어요.
2. 보통 삶아서 먹어요.
3. 보통 볶아서 먹어요.
4. 보통 튀겨서 먹어요.

대화 연습 [모범 답안] 104

N에[에게] 달려 있다

A/V-고 못[안] A/V-(으)ㄴ는 것은 N에[에게] 달려 있다

1. 마음(먹기)에 달려 있다고 합니다
2. 맛있고 맛없는 것은 양념에 달려 있어요
3. 좋은 성적을 받고 못 받는 것은 공부하기에
4. 한국말을 잘하고 못하는 것은 노력에 달려 있어요
5. 성공하고 못 하는 것은 노력에 달려 있다고 합니다
6. 여행 비용은 비행기 요금에 달려 있으니까 잘 알아 보세요

볶다 / 찌다 / 삶다 / 굽다 / 부치다 / 넣다
섞다 / 썰다 / 다지다 / 재우다 / 주무르다

1. 썰, 다진, 볶은, 넣, 볶
2. 주무른, 재워, 구워야

A/V-아/어야 A/V

1. 나와야
2. 타야 강남역에 갈 수 있어요
3. 닫혀야 지하철이 출발해요
4. 인천에 가야 바다를 볼 수 있어요
5. 미리 표를 사 놓아야 그 영화를 볼 수 있을 거예요
6. 센 불에 구워야 불고기가 맛있어요
7. 연습을 많이 해야 외국어를 잘할 수 있어요

15과 부동산에다 물어보세요

문형 연습 106

15.1

1. 시계 아래에다 거세요.
2. 의자 옆에다 두세요.
3. 칠판 옆에다 붙이세요.
4. 사무실에다 물어보세요.

15.2

1. 아니에요. 시장이라고 해서 어디나 싼 건 아니에요.
2. 아니에요. 겨울이라고 해서 언제나 추운 건 아니에요.
3. 아니에요. 한국 음식이라고 해서 무엇이나 매운 건 아니에요.
4. 아니에요. 한국 사람이라고 해서 누구나 김치를 좋아하는 건 아니에요.

15.3

1. 언제 만났다고요?
2. 어디로 가라고요?
3. 누가 왔다고요?
4. 뭘 만들어 먹자고요?

15.4

1. 컴퓨터 사는 데 백만 원 들었어요.
2. 결혼 준비하는 데 천만 원 들었어요.
3. 한 달 생활하는 데 칠십만 원 들었어요.
4. 유럽 여행 가는 데 이백만 원 들었어요.

대화 연습 [모범 답안] 108

N(이)라고 해서 A/V-(으)ㄴ/는 것은 아니다

1. 부자라고 해서 누구나 돈을 마음대로 쓰는 것은 아니에요
2. 태국이라고 해서 항상 코끼리를 볼 수 있는 것은 아니에요
3. 잘생기고 똑똑한 친구라고 해서 누구나 좋아하는 것은 아니에요
4. 한국 사람이라고 해서 누구나 한국어를 잘 가르칠 수 있는 것은 아니에요
5. 중국 남자라고 해서 다 요리를 잘하는 것은 아니에요

N(이)면 충분하다

1. 십 분이면 충분해요
2. 사십만 원이면 충분해요
3. 오십만 원이면 충분해요
4. 백만 원이면 충분해요
5. 삼십 분이면 충분해요

A/V-다[(으)라/자/냐]고요? / N(이)라고요?

1. 10만 원만 빌려 달라고요
2. 연극 구경 가자고요
3. 아침은 잘 안 먹는다고요
4. 저분이 김 선생님이시라고요
5. 주말에 이삿짐센터에 전화할 거라고요
6. 산꼭대기까지 올라갔다 왔느냐고요
7. 졸업이 언제냐고요
8. 신림동으로 하숙집을 옮기자고요

16과 지금 입고 있는 그 바지는 어때요?

문형 연습 110

16.1

1. 모자를 쓰고 있는 사람이 제인이에요.
2. 노란 넥타이를 매고 있는 사람이 토니예요.
3. 회색 가방을 들고 있는 사람이 우리 오빠예요.
4. 목걸이와 귀걸이를 하고 있는 사람이 우리 언니예요.

16.2

1. 잠이나 잘까 해요.
2. 영화나 볼까 해요.
3. 김밥이나 먹을까 해요.
4. 구두나 살까 해요.

16.3

1. 아니요. 동생을 데리고 갈 거예요.
2. 아니요. 아이를 데리고 갈 거예요.

3. 아니요. 아버지를 모시고 올 거예요.
4. 아니요. 교수님을 모시고 참석할 거예요.

16.4

1. 좋아. 그렇지 않아도 배우려고 했어.
2. 좋아. 그렇지 않아도 데리고 가려고 했어.
3. 좋아. 그렇지 않아도 가려고 했어.
4. 좋아. 그렇지 않아도 정리하려고 했어.

대화 연습 [모범 답안] 112

V-고 있다 / V-고 가다[오다]

1. 끼고 있는
2. 매고 온
3. 입고, 하고 계시는
4. 끼고 가
5. 차고 있는
6. 메고
7. 쓰고 가
8. 들고 있는
9. 신고, 신고 가면
10. 입고, 신고, 들고 있는

그렇지 않아도

1. 그렇지 않아도, 물어보려고 했어요
2. 그렇지 않아도, 가져가려고 했어요
3. 그렇지 않아도 지하철로 갈까 했어요
4. 그렇지 않아도 집에서 쉴까 했어요
5. 그렇지 않아도 청소하려고 했어요

데리고 가다[오다] / 모시고 가다[오다]
데려다 주다 / 모셔다 드리다

1. 데리고 와
2. 데려다 줘야
3. 데려다 주자
4. 모셔다 드려
5. 데리고 갈까 해

17과 조카는 뭘 먹이죠?

문형 연습 114

17.1

1. 아뇨. 입혀 줘야 돼요.
2. 아뇨. 먹여 줘야 돼요.
3. 아뇨. 앉혀 줘야 돼요.
4. 아뇨. 벗겨 줘야 돼요.

17.2

1. 아뇨. 내가 세웠어요.
2. 아뇨. 내가 태웠어요.
3. 아뇨. 내가 입혔어요.
4. 아뇨. 내가 맡겼어요.

17.3

1. 조카에게 신기세요.
2. 동생에게 입히세요.
3. 윌슨 씨에게 맡기세요.
4. 부모님께 알리세요.

17.4

1. 아무 옷이나 입어. 다 예쁠 거야.
2. 아무 과일이나 사. 다 좋아할 거야.
3. 아무 넥타이나 매. 다 어울릴 거야.
4. 아무 운동이나 해. 다 살이 빠질 거야.

대화 연습 [모범 답안] 116

V-이/히/리/기/우

1. 입히, 벗길
2. 재워
3. 맡겨
4. 붙이
5. 걸리
6. 앉혀
7. 울렸
8. 웃기

9. 먹여 드려
10. 알리
11. 깨워
12. 세우
13. 신겨
14. 끓일
15. 돌리

아무 N(이)나 / 아무거나 / 아무 데나 / 아무나

1. 아무거나
2. 아무 데나
3. 아무 때나
4. 아무나
5. 아무한테나

복습 4 (13-17과)

어휘와 문법 118

I 1. 옮길 2. 재운, 센 3. 드 4. 성공, 노력
5. 꾸며 6. 매고 7. 차고 있는 8. 메 9. 부동산
10. 섞으면

II 11. 먹여, 입혀, 씻겨, 앉히, 눕혀, 신기, 벗겨, 웃기
12. 깨워 13. 세워 14. 읽히 15. 알려 주었다
16. 보여 17. 맡겼다 18. 울린 19. 끓여
20. 걸리세요

III [모범 답안]
21. 한국말을 공부하는 데에는 드라마가 좋거든요
22. 한국 친구가 가르쳐 준 대로 만들었어요
23. 내일 뭐 할 거냐고 물으셨어요
24. 사당역에서 내려야 4호선을 탈 수 있어요
25. 중국 남자라고 해서 다 요리를 잘하는 것은 아니에요
26. 114에다가 물어보세요
27. 저기 안경 끼고 있는 사람이에요
28. 아무 음식이나 잘 먹어요

듣 기 121

1. ③ 2. ② 3. ① 4. ① 5. ③ 6. ③ 7. 아파트, 주말, 45만 원 8. ③ 9. ① 10. ① 11. 생선찌개
12. ③

읽 기 124

1. ② 2. ③ 3. ③ 4. ① 5. ③ 6. ② 7. ① 8. ③
9. (가) 먹을 (나) 입힐 10. ② 11. ②

18과 표를 사 놓지 않으면 고향에 갈 생각도 못 해요

문형 연습 130

18.1

1. 글쎄요, 빨래할까 말까 해요.
2. 글쎄요, 볼까 말까 해요.
3. 글쎄요, 기다릴까 말까 해요.
4. 글쎄요, 만들까 말까 해요.

18.2

1. 네. 미리 살 걸 그랬어요.
2. 네. 미리 연락할 걸 그랬어요.
3. 네. 미리 준비할 걸 그랬어요.
4. 네. 미리 청소할 걸 그랬어요.

18.3

1. 아뇨, 하도 바빠서 못 먹었어요.
2. 아뇨, 하도 추워서 못 했어요.
3. 아뇨, 하도 어려워서 다 못 읽었어요.
4. 아뇨, 하도 피곤해서 일찍 못 일어났어요.

18.4

1. 아뇨. 비싸서 살 생각도 못 해요.
2. 아뇨. 시간이 없어서 담가 먹을 생각도 못 해요.
3. 아뇨. 길이 복잡해서 운전할 생각도 못 해요.
4. 아뇨. 일이 많아서 여행 갈 생각도 못 해요.

대화 연습 [모범 답안] 132

하도 A/V-아/어서 V-(으)ㄹ 생각도 못 하다

1. 하도, 산에 갈 생각도 못 해요
2. 하도 비싸서 고향에 갈 생각도 못 해요

3. 하도 힘들어서 아르바이트할 생각도 못 해요
4. 하도 올라서 집을 살 생각도 못 해요
5. 하도 길이 복잡해서 차 가지고 다닐 생각도 못 해요

V-(으)ㄹ까 말까 하다

1. 다닐까 말까 해요
2. 피곤해서 운동할까 말까 해요
3. 비싸서 살까 말까 해요
4. 만날까 말까 해요

V-(으)ㄹ 걸 그랬다

1. 먹을 걸 그랬어요
2. 물어볼 걸 그랬어요
3. 많이 만들 걸 그랬어요
4. 미리 청소할 걸 그랬어요
5. 이 영화를 보

V-(으)ㄹ 생각[계획, 예정]이다

1. 집에서 쉴 생각이에요
2. 어려운 사람을 도와줄 계획이에요
3. 5년 후에 결혼할 생각이에요
4. 회사에 취직할 생각이래요
5. 다음 주까지 할 예정이래요

19과 집에서 송편이나 만들까 해요

문형 연습 134

19.1

1. 상을 받았을 때 제일 기뻤어요.
2. 할머니가 돌아가셨을 때 제일 슬펐어요.
3. 집에 도착했을 때 받았어요.
4. 고향에 갔을 때 들었어요.

19.2

1. 아니. 가족끼리 갔어.
2. 아니. 우리 반 친구들끼리 마셨어.
3. 아니. 어른들끼리 먹었어.
4. 아니. 학생들끼리 만들었어.

19.3

1. 이 주가 넘도록 감기가 안 나았다고요?
2. 마흔 살이 넘도록 결혼을 못 했다고요?
3. 열 시가 되도록 아무도 안 왔다고요?
4. 한 달이 지나도록 부모님께 연락을 못 드렸다고요?

19.4

1. 네. 운동엔 자신 있어요.
2. 네. 영어엔 자신 있어요.
3. 네. 요리엔 자신 있어요.
4. 네. 노래엔 자신 있어요.

대화 연습 [모범 답안] 136

A/V-았/었을 때

1. 왔을 때 가 봤어요
2. 봤을
3. 버스에서 내렸을 때 알았어요
4. 몸이 아팠을 때 어머니 생각이 많이 났어요
5. 첫 애를 낳았을 때 제일 행복했어요

V-(으)ㄴ 지(가) N이/가 넘다

1. 헤어진 지 한 달이 넘었대요
2. 결혼한 지 10년이 넘었어요
3. 퇴원한 지 일주일도 넘었어요
4. 알게 된 지 10년이 넘었어요

N이/가 넘도록[되도록, 지나도록]

1. 12시가 넘도록
2. 1년이 넘도록 아직 취직을 못 했대요
3. 한 시간이 지나도록 손님이 한 명도 없어요
4. 한 달이 되도록 연락 안 했어요

A/V-다는 말[얘기, 소식, 소문]을 듣다

1. 그 가게에 요즘 손님이 별로 없다는 소문을 들었어요
2. 마이클, 고향으로 돌아갔다는 소문을 들었어요
3. 저도 그 사람이 아주 똑똑하다는 얘기를 들었어요

V-는 데(에) 자신이 있다[없다]

1. 아니요, 요리하는 데에 자신이 없어요
2. 남을 웃기는 데에 자신 있어요

20과 오래 기다리게 해서 미안해

문형 연습 138

20.1

1. 그거 제가 읽던 책이에요.
2. 그거 제가 보던 신문이에요.
3. 그거 제가 그리던 그림이에요.
4. 그거 제가 마시던 커피예요.

20.2

1. 택시를 잡기는 틀렸어.
2. 집에 일찍 가기는 틀렸어.
3. 시험을 잘 보기는 틀렸어.
4. 오늘 영화를 보기는 틀렸어.

20.3

1. 그래서 동생에게 구하게 했어요.
2. 그래서 동생에게 준비하게 했어요.
3. 그래서 동생에게 청소하게 했어요.
4. 그래서 동생에게 예약하게 했어요.

20.4

1. 어머니 생신이잖아.
2. 방학이잖아.
3. 춥잖아.
4. 세일을 하잖아.

대화 연습 [모범 답안] 140

V-게 하다

1. 먹게
2. 읽게 하세요
3. 들고 가게 하세요
4. 사 오게 할게요
5. 못 가게 하세요

A/V-았/었어야 하는데[했는데]

1. 했어야 하는데……
2. 예매를 했어야 하는데……
3. 적게 넣었어야 하는데……
4. 미리 말했어야 하는데 못 해서 미안해요

V-던 N

1. 마시던
2. 읽던
3. 입던 옷이에요
4. 살던 곳이에요
5. 다니던 학교예요

A/V-잖아요

1. 더 빠르잖아요
2. 월요일이잖아요
3. 학생 식당 음식이 맛있잖아요
4. 다 했잖아요
5. 다 왔잖아요

21과 알아맞혀 보세요

문형 연습 142

21.1

1. 백일 호일걸요.
2. 택시 타고 올걸요.
3. 교실에 계실걸요.
4. 삼십만 원쯤 들걸요.

21.2

1. 네, 들으면 들을수록 좋아요.
2. 네, 배우면 배울수록 재미있어요.
3. 네, 만나면 만날수록 마음에 들어요.
4. 네, 보면 볼수록 재미있어요.

21.3

1. 네. 다니기는 다니지만 힘들어요.
2. 네. 하기는 하지만 재미없어요.
3. 네. 먹기는 먹지만 안 좋아해요.
4. 네. 만나기는 만나지만 마음에 안 들어요.

21.4

1. 네, 두 개씩 있어요.
2. 네, 두 알씩 먹으면 돼요.
3. 네, 열 장씩 주면 돼요.
4. 네, 한 시간씩 하면 좋아요.

대화 연습 [모범 답안] 144

A/V-(으)ㄹ걸요 / A/V-았/었을걸요

1. 어려울걸요
2. 댁에 계실걸요
3. 아마 괜찮을걸요
4. 아마 모자라지 않을걸요
5. 도착했을걸요
6. 아직 올라오지 않았을걸요
7. 아마 좋아했을걸요

A/V-(으)면 A/V-(으)ㄹ수록

1. 만나면 만날수록
2. 들으면 들을수록
3. 공부하면 할수록 재미있어요
4. 먹으면 먹을수록 더 맛있어요
5. 하면 할수록 더 재미있어요

A/V-기는 하지만[하겠지만, 했지만]

1. 네, 자주 보기는 하지만
2. 연락하기는 하겠지만
3. 춥기는 했지만
4. 멀기는 하지만 조용해서 아주 좋아요
5. 듣기는 하지만 너무 어려워서 걱정이에요
6. 읽을 수 있기는 하지만 다 이해할 수는 없어요
7. 친하기는 하지만 자주 만나지는 않아요

복습 5 (18-21과)

어휘와 문법 146

I 1. 내, 푸는 2. 맞혀 3. 낳았 4. 났, 어겼, 풀라 5. 돌아가며, 돌아가면서 6. 넘었어 7. 열리는/열릴, 끼리 8. 혹시 9. 마침 10. 서서 11. 남기지, 굶는 12. 소문 13. 연휴 14. 예상하 15. 기억 16. 가만히 17. 퇴원해요

II [모범 답안]

18. 요즘에는 바빠서 낚시할 생각도 못 해요
19. 집이 하도 좁아서 옮기려고 해요
20. 바빠서 등록할까 말까 해요
21. 좀 더 일찍 올 걸 그랬어요
22. 네, 지난 방학에 부모님이 오셨을 때 설악산에 가 봤어요
23. 한 달이 넘도록 연락이 없어요
24. 마시게 하세요
25. 제가 읽던 책이에요
26. 비가 오잖아요
27. 저녁 준비하실걸요
28. 만나면 만날수록 좋아져요
29. 읽기는 읽었지만 이해하기 어려웠어요

듣 기 149

1. ① 2. ③ 3. ② 4. ② 5. ③ 6. ③ 7. ③ 8. ③ 9. ① 10. ③ 11. 독감 12. ②

읽 기 152

1. ③ 2. ③ 3. ③ 4. ③ 5. ② 6. (라)-다-마-나-가 7. ③ 8. ① 9. 오랜만에 만나서 반갑고 나중에 밥이라도 한번 같이 먹고 싶다. 10. ③

22과 사진관에서 찍는 게 나을 것 같아요

문형 연습 158

22.1

1. 그럼 어디 여행 가자.
2. 그럼 누구한테 좀 물어보자.
3. 그럼 몇 개 사자.
4. 그럼 언제 한번 가자.

22.2

1. 휴, 사고 날 뻔했다.
2. 휴, 고기를 태울 뻔했다.
3. 휴, 잊어버릴 뻔했다.

4. 휴, 다칠 뻔했다.

22.3

1. 운동을 하지 그래요?
2. 병원에 가 보지 그래요?
3. 선생님께 여쭤 보지 그래요?
4. 도서관에서 찾아보지 그래요?

22.4

1. 그래도 가야 해요.
2. 그래도 참석해야 해요.
3. 그래도 일해야 해요.
4. 그래도 해야 해요.

대화 연습 [모범 답안] 160

N은/는 왜요? / 몇 N[누구, 어디, 무엇]

V-지 그래요? / 그래도

1. 사진관은 왜요, 몇 장, 왜요, 찍지 그래요, 그래도
2. 서점은 왜요, 몇 권, 빌리지 그래요, 그래도
3. 노래방은 왜요, 몇 곡, 를 사지 그래요, 그래도
4. 공중전화는 왜요, 어디, 하지 그래요

V-(으)ㄹ 뻔하다

1. 큰일 날 뻔했네요
2. 가방을 놓고 내릴 뻔했네요
3. 지각할 뻔했네요
4. 지나갈 뻔했네요
5. 말 안 해 줬으면 다칠 뻔했어요
6. 어휴, 놓칠 뻔했네요

N이/가 (N-보다) 낫다 / V-는 게 (V-는 것보다) 낫다

1. 산이 바다보다 나아요
2. 밖에 나가는 게 집에서 쉬는 것보다 나아요
3. 영화 보러 가는 게 훨씬 나아요
4. 저는 책 읽는 게 텔레비전 보는 것보다 나아요

23과 텔레비전이 왜 이렇게 안 나오지요?

문형 연습 162

23.1

1. 나갔다가 비가 와서 다시 들어왔어.
2. 껐다가 어두워서 다시 켰어.
3. 벗었다가 추워서 다시 썼어.
4. 닫았다가 더워서 다시 열었어.

23.2

1. 아뇨, 난로를 켰는데도 안 따뜻해졌어요.
2. 아뇨, 텔레비전을 고쳤는데도 잘 안 나와요.
3. 아뇨, 문제가 쉬웠는데도 시험 잘 못 봤어요.
4. 아뇨, 김치가 매운데도 잘 먹어요.

23.3

1. 그럼 할 수 없네요. 물냉면이라도 먹어야겠어요.
2. 그럼 할 수 없네요. 손으로라도 빨아야겠어요.
3. 그럼 할 수 없네요. 팩스로라도 보내야겠어요.
4. 그럼 할 수 없네요. 우리끼리라도 가야겠어요.

23.4

1. 여행 가기 위해서요.
2. 고향에 가져가기 위해서요.
3. 듣기 연습하기 위해서요.
4. 등록금 벌기 위해서요.

대화 연습 [모범 답안] 164

V-다가 / V-았/었다가

1. 뛰다가
2. 자다가
3. 하다가
4. 열었다가
5. 썼다가, 벗었어요
6. 나갔다가, 들어왔어요
7. 일어났다가, 잤어요

툭하면

1. 툭하면 늦어요
2. 툭하면 울어요

A/V-(으)ㄴ/는데도 / A/V-았/었는데도 / N인데도

1. 열심히 공부했는데도 시험을 못 봤어요
2. 많이 버는데도 생활비가 모자라요
3. 옷을 많이 입었는데도 추워요
4. 날씨가 추운데도 사람들이 많이 왔어요
5. 쉬는 시간인데도 옆 반은 수업이 끝나지 않았어요
6. 방학인데도 학생들이 많아요

V-기 위해(서) / N을/를 위해(서)

1. 한국에서 일하기 위해서 공부합니다
2. 대학에 가기 위해서 돈을 모으고 있습니다
3. 건강을 위해서 운동을 열심히 해요

24과 어디가 고장이라고 그랬지요?

문형 연습 166

24.1

1. 졸업한 지 오래됐다고 그러셨어요.
2. 언제 한번 노래방에 가자고 그러셨어요.
3. 한국어 사전이 어디 있냐고 그러셨어요.
4. 아무도 없을 때는 불을 끄라고 그러셨어요.

24.2

1. 취직하더니 바빠졌어요.
2. 담배를 끊더니 건강해졌어요.
3. 매일 운동하더니 살이 빠졌어요.
4. 비가 계속 오더니 홍수가 났어요.

24.3

1. 네, 조금 전까지 울더니 이제 자요.
2. 네, 조금 전까지 시끄럽더니 조용해졌어요.
3. 네, 아까는 많더니 지금은 없어요.
4. 네, 며칠 전까지 비싸더니 많이 내렸어요.

24.4

1. 그것 봐. 내가 저금하라고 그랬잖아.
2. 그것 봐. 내가 답장 보내라고 그랬잖아.
3. 그것 봐. 내가 우산 가져가라고 그랬잖아.
4. 그것 봐. 내가 운동화 신고 가라고 그랬잖아.

대화 연습 [모범 답안] 168

A/V-더니

1. 춥더니
2. 아까는 사람이 많더니
3. 지난주까지는 비싸더니
4. 아까는 많이 울더니
5. 전에는 뚱뚱하더니
6. 차를 산다고 하더니
7. 축구 연습을 많이 하더니
8. 운동을 열심히 하시더니

V-다고[느냐고, (으)라고, 자고] 그랬다

1. 온다고 그랬어요
2. 이라고 그랬어요
3. 하자고 그랬어요
4. 하라고 그랬어요
5. 냐고 그랬어요

그것 보세요

1. 그것 보세요
2. 그것 봐
3. 그것 봐. 술을 조금만 마시

N 같은 N

1. '말아톤' 같은
2. 어머니 같은 분이 좋아요
3. 우리 오빠 같은 남자와 결혼하면 좋겠어요.

25과 청첩장을 받았어요

문형 연습 170

25.1

1. '송편' 이라는 떡을 먹었어요.
2. '소나기' 라는 책을 읽었어요.

3. '윷놀이' 라는 게임을 했어요.
4. '사랑' 이라는 노래를 불렀어요.

25.2

1. 어제 했던 노래요.
2. 어제 입었던 옷요.
3. 어제 만들었던 음식요.
4. 어제 만났던 사람요.

25.3

1. 십 년 전부터 써 왔어요.
2. 한 달 동안 연습해 왔어요.
3. 일 년 전부터 만나 왔어요.
4. 이 년 동안 사용해 왔어요.

25.4

1. 거의 다 써 가요.
2. 거의 다 먹어 가요.
3. 거의 다 돼 가요.
4. 거의 다 해 가요.

대화 연습 [모범 답안] 172

V-았/었던 N

1. 읽었던
2. 먹었던
3. 갔던 산이에요
4. 일했던 사람이에요
5. 잃어버렸던
6. 만났던

N(이)라는 N

1. '올드보이' 라는 영화를 많이 봐요
2. '베이징덕' 이라는 음식이에요
3. 윤도현이 부른 '너를 보내고' 라는 노래를 좋아해요

V-아/어 오다[가다]

1. 배워 왔어요
2. 사귀어 왔어요
3. 6개월 전부터 공부해 왔어요
4. 살아 가

다 V-아/어 가다

1. 다 해 가요
2. 다 먹어 가요
3. 다 풀어 가요
4. 다 돼 가요

복습 6 (22-25과)

어휘와 문법 174

I 1. 나오, 나오 2. 사귄, 연애 3. 언제 4. 몇
5. 나왔 6. 툭하면 7. 고장 났다, 고치 8. 데었
9. 편찮으세요 10. 켜야겠어요 11. 손을 볼/손볼
12. 동창, 청첩장, 중매 13. 사실 14. 드디어
15. 그래도 16. 선, 무척

II [모범 답안]
17. 병원에 가지 그래요
18. 떨어뜨릴 뻔했네요
19. 영화 보는 게 음악회 가는 것보다 나아요
20. 껐다가 켜 봐요
21. 할 수 없죠, 뭐
22. 아뇨, 선풍기를 켰는데도 시원하지 않아요
23. 대학에 가기 위해서 공부해요
24. 10시에 시작한다고 그랬어요
25. 눈이 오더니 지금은 안 와요
26. 작년에 봤던 영화예요
27. '올드보이' 라는 영화가 재미있대요
28. 10년 전부터 일해 왔어요

듣기 177

1. ② 2. ③ 3. ② 4. ② 5. ③ 6. ① 7. ③ 8. ③
9. ② 10. ① 11. 선을 봤다. (중매로 만났다.) 12. ②

읽기 180

1. ③ 2. ② 3. ② 4. ① 5. ② 6. ① 7. ③ 8. ③
9. 발음에 자신이 없어서 10. 닭 한 마리 주세요.

26과 결혼하려면 아직 멀었어요!

문형 연습 186

26.1

1. 취직하려면 아직 멀었어요.
2. 이사하려면 아직 멀었어요.
3. 졸업하려면 아직 멀었어요.
4. 끝나려면 아직 멀었어요.

26.2

1. 동생도 무서워해요.
2. 친구도 힘들어해요.
3. 친구들도 슬퍼했어요.
4. 그 친구도 기뻐했어요.

26.3

1. 내가 생각하기에 민수가 잘못한 것 같아.
2. 내가 생각하기에 하숙이 더 편할 것 같아.
3. 내가 생각하기에 꽃을 좋아할 것 같아.
4. 내가 생각하기에 사물놀이가 더 재미있을 것 같아.

26.4

1. 대사관에 가야 된다고 하던데요.
2. 내년 봄에 한다고 하던데요.
3. 거의 다 했다고 하던데요.
4. 그냥 친구 사이라고 하던데요.

대화 연습 [모범 답안] 188

A-아/어하다

1. 추워해
2. 어려워했어요
3. 갖고 싶어해
4. 피곤해해요
5. 심심해해
6. 좋아해요
7. 보고 싶어해요

V-(으)려면 멀었다

1. 차를 사려면 멀었어요
2. 다 하려면 멀었어요
3. 다나카, 결혼하려면 멀었어요

내가 듣기[보기, 생각하기, 알기]에(는)

1. 내가 듣기에는 다음 주 화요일이라고 하던데요
2. 내가 보기에는 일이 많아서 힘들어하시는 것 같아요
3. 내가 듣기에는 어린이날이라서 수업이 없다고 하던데요
4. 내가 생각하기에는 두 사람이 애인 사이인 것 같아요

눈이 높다 / 발이 넓다 / 손이 크다 / 손발이 맞다
귀가 가렵다

1. 발이 참 넓군요
2. 손이 큰
3. 눈이 높군요
4. 손발이 안 맞는
5. 귀가 가렵

27과 야단맞을까 봐 걱정이지?

문형 연습 190

27.1

1. 밤에 잠이 안 올까 봐 그래요.
2. 장학금을 못 받을까 봐 그래요.
3. 길이 막힐까 봐 그래요.
4. 감기에 걸릴까 봐 그래요.

27.2

1. 그럼. 얼마나 사람이 많은데.
2. 그럼. 얼마나 재미있는데.
3. 그럼. 얼마나 멋있는데.
4. 그럼. 얼마나 맛있는데.

27.3

1. 네, 하라는 대로 다 했어요.
2. 네, 넣으라는 대로 다 넣었어요.
3. 네, 얘기하라는 대로 얘기했어요.

4. 네, 먹이라는 대로 먹였어요.

27.4

1. 밥 먹는 중이에요.
2. 뉴스 보는 중이에요.
3. 라면 끓이는 중이에요.
4. 친구 기다리는 중이에요.

대화 연습 [모범 답안] 192

A/V-(으)ㄹ까 봐(서)

1. 토니, 비가 올까 봐
2. 잊어버릴까 봐
3. 뚱뚱해질까 봐 안 먹어요
4. 기분 나빠할까 봐 이야기 안 했어요
5. 시험을 못 볼까 봐 걱정이에요

얼마나 A/V-(으)ㄴ/는데

1. 얼마나 멋있는데
2. 얼마나 맛있는데요
3. 다나카, 얼마나 아름다운데요
4. 얼마나 노래를 잘 부르는데요

V-(으)라는 대로

1. 먹으라는 대로
2. 하라는 대로 하면 잘할 수 있을 거예요
3. 가져오라는 대로 다 가져왔어요
4. 넣으라는 대로 다 넣었어요

V-자 V

1. 제가 약속 시간에 늦자 친구가 화를 냈어요
2. 엄마가 나가자 울기 시작했어요

V-는 중이다

1. 지금 연락하는 중이에요
2. 텔레비전 보는 중이에요

28과 만약에 1억 원을 탄다면

문형 연습 194

28.1

1. 만약 내일이 휴일이라면 좋을 텐데…….
2. 만약 상금이 십억 원이라면 좋을 텐데…….
3. 만약 그 돈이 다 마이클 씨 돈이라면 좋을 텐데…….
4. 만약 바바라 씨가 마이클 씨 애인이라면 좋을 텐데…….

28.2

1. 만약에 의사가 된다면 가난한 사람들을 고쳐 주겠어요.
2. 만약에 대통령을 만난다면 같이 사진을 찍겠어요.
3. 만약에 백만 원이 생긴다면 여행을 가겠어요.
4. 만약에 장학금을 못 받는다면 아르바이트를 하겠어요.

28.3

1. 그럼 걸어가지, 뭐.
2. 그럼 주스 마시지, 뭐.
3. 그럼 다른 데 가지, 뭐.
4. 그럼 집에서 쉬지, 뭐.

28.4

1. 아뇨, 헤어지고 말았어요.
2. 아뇨, 놓치고 말았어요.
3. 아뇨, 떨어지고 말았어요.
4. 아뇨, 그만두고 말았어요.

대화 연습 [모범 답안] 196

만약[만일]에

1. 1억이 생긴다, 시골에 예쁜 집을 지을 거예요
2. 거짓말이라, 그 사람을 다시는 만나지 않겠어요
3. 결혼을 하게 된다, 마음이 따뜻한 사람과 하고 싶어요
4. 다나카, 내가 여자라, 짧은 치마를 입어 보고 싶어요

V-고 말다

1. 입원하고 말았어요
2. 헤어지고 말았대요
3. 지고 말았어요
4. 떨어지고 말았어요
5. 망하고 말았대요

N이/가 생기다

1. 생겨
2. 생긴
3. 생겼어요

V-지요, 뭐

1. 그럼 DVD로 사지요, 뭐
2. 그럼 버스로 가지요, 뭐
3. 그럼 사지 말지요, 뭐

그만 V

1. 그만
2. 그만 하고

29과 거울

문형 연습 198

29.1

1. 도둑이라니 말도 안 돼요.
2. 서른 살이라니 말도 안 돼요.
3. 철수 씨 잘못이라니 말도 안 돼요.
4. 오십억 원이라니 말도 안 돼요.

29.2

1. 찌개가 맵다니요?
2. 시험 문제가 쉽다니요?
3. 할아버지께서 돌아가시다니요?
4. 버스 요금이 오백 원이나 오르다니요?

29.3

1. 네. 하지만 마시는 척했어요.
2. 네. 하지만 맛있는 척했어요.
3. 네. 하지만 마음에 드는 척했어요.
4. 네. 하지만 모르는 척했어요.

29.4

1. 아니요. 민수 씨 몰래 이사했어요.
2. 아니요. 어머니 몰래 피웠어요.
3. 아니요. 아버지 몰래 들어갔어요.
4. 아니요. 바바라 씨 몰래 준비했어요.

대화 연습 [모범 답안] 200

A/V-다니 / N(이)라니

1. 어렵지 않다니
2. 천만 원을 벌다니
3. 망하다니
4. 고향으로 돌아가다니요
5. 회사를 그만두다니요

A/V-(으)ㄴ/는 척하다

1. 못 본 척했어요
2. 맛없었지만 맛있는 척했어요
3. 싫어하는 척해요
4. 마음에 드는 척했어요
5. 없는 척했어요

웬 N / 웬일이다

1. 웬일이에요? 민호가 얼마나 구두쇠인데……
2. 웬일이에요
3. 웬 남자가 찾아왔어요
4. 웬 선물이에요

N 모르게[몰래] V

1. 형 몰래 가져왔어요
2. 부모님 몰래 만나요
3. 언니 몰래 입고 나왔어요
4. 여자 친구 모르게 술 마셨어요
5. 부모님 모르게 하고 있어요

복습 7 (26-29과)

어휘와 문법 202

I 1. 숨기는, 누군가 2. 일부러 3. 찾아냈 4. 실컷
5. 아까우 6. 생긴, 당첨되 7. 확인한, 들여다볼
8. 미혼, 왜냐하면 9. 모습 10. 사이 11. 가렵
12. 게다가 13. 도대체 14. 나머지 15. 끄덕이

II [모범 답안]
16. 고향에 돌아가려면 아직 멀었어요
17. 어머니께서 가장 기뻐하실 거예요
18. 내가 보기에는 그냥 친구 사이인 것 같아

19. 마음이 넓은 사람을 좋아한다고 하던데요
20. 엄마가 나가자 울기 시작했어요
21. 지각할까 봐서요
22. 얼마나 멋있는데
23. 만약 1억 원이 생긴다면 차를 살 거예요
24. 다음에 보지요, 뭐
25. 아니요. 떨어지고 말았대요
26. 지갑이 없어지다니. 방금 전까지 있었잖아
27. 모르는 척했어

듣 기 205

1. ② 2. ① 3. ② 4. ③ 5. ② 6. ① 7. ③ 8. ①
9. ② 10. ① 11. 선물을 받고 싶어서 12. ③

읽 기 208

1. ③ 2. ① 3. ③ 4. ③ 5. ② 6. ② 7. ③ 8. ②
9. 자신의 감정을 다른 사람들에게 보이지 않는 것이 더 좋다고 생각했기 때문이다. 10. ①

30과 여행에 관한 모든 것을 알려 드립니다

문형 연습 214

30.1

1. 네. 야구는 물론이고 축구도 좋아해요.
2. 네. 여권은 물론이고 사진도 필요해요.
3. 네. 노래는 물론이고 기타도 잘 쳐요.
4. 네. 술은 물론이고 담배도 많이 피워요.

30.2

1. 밤늦게 하거나 아니면 아침 일찍 해요.
2. 목욕하거나 아니면 잠을 자요.
3. 운동하거나 아니면 비디오를 봐요.
4. 전화하거나 아니면 이메일을 보내요.

30.3

1. 네, 늦지 않도록 서두를게요.
2. 네, 잘 보이도록 크게 쓸게요.
3. 네, 잃어버리지 않도록 조심할게요.
4. 네, 모자라지 않도록 많이 준비할게요.

30.4

1. 도서관 가는 길에 내가 빌려 올게.
2. 은행 가는 길에 내가 낼게.
3. 운동하고 오는 길에 내가 사 올게.
4. 나가는 길에 내가 맡길게.

대화 연습 [모범 답안] 216

N에 관한 N / N에 관해(서) V

1. 한글날에 관한(관해서)
2. 한국 역사에 관한
3. 에 관해서
4. 에 관한

V-고자 / V-고자 하다

1. 취직하고자 합니다
2. 보여 드리고자 합니다
3. 배우고자

V-도록

1. 잘 들리도록
2. 모자라지 않도록
3. 사고가 나지 않도록
4. 시험을 잘 보도록
5. 테이프를 많이 듣도록 하세요
6. 먹도록 하세요

V-는 길에

1. 가는 길에
2. 가는 길에
3. 오는 길에

N은/는 물론(이고) N도

1. 그럼요. 운동은 물론이고 공부도 잘해요
2. 아니요. 한국 사람은 물론이고 외국 사람들도 김치를 좋아해요

31과 한글은 세계에 자랑할 만하지요

문형 연습 218

31.1

1. 네. 정말 들을 만해요.
2. 네. 정말 먹을 만해요.
3. 네. 정말 볼만해요.
4. 네. 정말 가 볼만해요.

31.2

1. 쌀 뿐만 아니라 아줌마도 친절해요.
2. 넓을 뿐만 아니라 전세 값도 싸요.
3. 재미있을 뿐만 아니라 돈도 많이 받아요.
4. 잘생겼을 뿐만 아니라 성격도 좋아요.

31.3

1. 법이 잘 지켜져요.
2. 유리창이 깨졌어요.
3. 한글이 만들어졌어요.
4. 냉장고가 고쳐졌어요.

31.4

1. 네, 지난 시험에 비해 잘 봤어요.
2. 네, 나이에 비해 젊어 보여요.
3. 네, 다른 회사에 비해 많아요.
4. 네, 지난달에 비해 많이 팔려요.

대화 연습 [모범 답안] 220

V-(으)ㄹ 만하다 / V-(으)ㄹ 만한 N

1. 가 볼만한
2. 볼만한 영화예요
3. 정말 먹을 만해요
4. 걸어 다닐 만해요
5. 입을 만해요

A/V-(으)ㄹ 뿐(만) 아니라 / N뿐(만) 아니라

1. 깨끗할 뿐만 아니라 학교에서 아주 가까워요
2. 월급이 많을 뿐만 아니라 사장님도 좋으세요
3. 부지런할 뿐만 아니라 성격도 좋아요
4. 단어뿐만 아니라 문법도 많아요

V-아/어지다

1. 갑자기 끊어졌어요
2. 고쳐졌
3. 깨져
4. 지켜지지 않
5. 정해지

N에 비해(서)

1. 여름에 비해서
2. 나이에 비해
3. 지난번 시험에 비해
4. 다른 식당에 비해
5. 나이에 비해 생각이 깊은 편이에요

32과 무슨 날인지 궁금했어요

문형 연습 222

32.1

1. 약을 먹었더니 졸려요.
2. 아침을 굶었더니 배가 고파요.
3. 내가 화를 냈더니 친구도 화를 냈어요.
4. 약속 시간에 늦게 갔더니 모두 가 버렸어요.

32.2

1. 뭘 먹겠냐고 했더니 아무것도 안 먹겠다고 했어요.
2. 늦지 않도록 서두르라고 했더니 알겠다고 했어요.
3. 삼만 원만 빌려 달라고 했더니 돈이 없다고 했어요.
4. 비디오나 빌려 보자고 했더니 좋은 생각이라고 했어요.

32.3

1. 글쎄요, 맞는지 안 맞는지 모르겠는데요.
2. 글쎄요, 갔다 왔는지 안 갔다 왔는지 모르겠는데요.
3. 글쎄요, 사실인지 아닌지 모르겠는데요.
4. 글쎄요, 공휴일인지 아닌지 모르겠는데요.

32.4

1. 바지를 사고 보니 좀 작았어요.
2. 설명을 듣고 보니 이해가 됐어요.
3. 나중에 알고 보니 대학 동창이었어요.
4. 지하철에서 내리고 보니 가방이 없었어요.

대화 연습 [모범 답안] 224

V-았/었더니

1. 내가 약속 시간에 늦게 갔더니
2. 일을 많이 했더니
3. 내가 선물을 드렸더니
4. 며칠 쉬었더니
5. 네. 어제 술을 좀 마셨더니 머리가 아파요

V-더니 / V-았/었더니

1. 오랫동안 연애하더니
2. 결석했더니
3. 갔더니
4. 다하더니

A/V-(으)ㄴ/는지 안[못] A/V-(으)ㄴ/는지
N-인지 아닌지

1. 대학원에 가는지 안 가는지 모르겠어요
2. 사실인지 아닌지 모르겠어요
3. 잘 봤는지 못 봤는지 물어볼게요
4. 여행을 가는지 안 가는지 확인해 볼게요
5. 도착하셨는지 안 하셨는지 전화해 봅시다

V-고 보니

1. 알고 보니
2. 듣고 보니
3. 타고 보니 지갑이 없어서 그냥 내렸어요
4. 정하고 보니 다른 약속이 있었어요
5. 입고 보니 안 어울려서요

33과 한국의 산에 반하신 모양이군요

문형 연습 226

33.1

1. 해도 해도 끝이 안 나요.
2. 닦아도 닦아도 깨끗해지지 않아요.
3. 외워도 외워도 금방 잊어버려요.
4. 자도 자도 졸려요.

33.2

1. 아뇨. 이번뿐이에요.
2. 아뇨. 그거뿐이에요.
3. 아뇨. 이 노래뿐이에요.
4. 아뇨. 그 사람뿐이에요.

33.3

1. 에어컨은 그만두고 선풍기나 사자.
2. 밥은 그만두고 빵이나 먹자.
3. 방 청소는 그만두고 밥부터 먹자.
4. 하와이는 그만두고 제주도라도 가자.

33.4

1. 옷값이 싸기로 유명하거든요.
2. 캠퍼스가 멋있기로 유명하거든요.
3. 책이 많기로 유명하거든요.
4. 갈비가 맛있기로 유명하거든요.

대화 연습 [모범 답안] 228

V-아/어도 V-아/어도

1. 자도 자도 자고 싶어요
2. 봐도 봐도 싫지가 않아요
3. 들어도 들어도 좋아요
4. 해도 해도 끝이 없어요
5. 먹어도 먹어도 또 먹고 싶어요

N뿐이다

1. 월요일뿐이에요
2. 컴퓨터뿐이에요
3. 민수뿐이에요
4. 만들 줄 아는 한국 음식은 불고기뿐이에요

N-답다

1. 다워졌네요
2. 여름답, 겨울답
3. 아이답

N은/는 그만두고

1. 제주도는 그만두고
2. 갈비는 그만두고 비빔밥이나 사 주세요
3. 설거지는 그만두고 청소해 주세요

N(으)로 유명하다 / A/V-기로 유명하다

1. 네. 준석 씨는 노래 잘하고 춤 잘 추기로 유명해요
2. 저 식당은 싸고 맛있기로 유명해요
3. 알리, '케밥' 이라는 음식으로 유명해요

복습 8 (30-33과)

어휘와 문법 230

I 1. 제대로 2. 자랑해 3. 마음씨 4. 들러 5. 당시
6. 궁금하다 7. 표시되어 8. 일어난, 일어날
9. 평화적으로 10. 퍼지는 11. 반해 12. 주로
13. 그만두고 14. 대접할 15. 답답할

II [모범 답안]

16. 팝송은 물론이고 가요도 좋아해요
17. 네. 늦지 않도록 할게요
18. 집에 가는 길에 들를 거예요
19. 읽을 만해요
20. 회사가 클 뿐만 아니라 월급도 많아요
21. 비가 오는데도 불구하고 등산 갔대요
22. 우리나라 대학생들에 비해서 외국어 공부를 열심히 하는 것 같아요
23. 어제 늦게 잤더니 좀 피곤하네요
24. 수업을 하는지 안 하는지 모르겠어요
25. 입고 보니 단추가 없어서 벗었어요
26. 네. 해도 해도 끝이 없어요
27. 지연, 제 고향은 갈비가 맛있기로 유명해요

듣 기 233

1. ③ 2. ② 3. ① 4. ① 5. ② 6. ③ 7. ① 8. ③
9. ② 10. ③ 11. 장학금을 주신다. 12. ③

읽 기 236

1. ③ 2. ② 3. ③ 4. ② 5. ③ 6. 화장품 7. 세탁기
8. ① 9. ② 10. 단풍이 아름답기 때문이다.
11. 죽는다.